Klett Lektürehilfen

Gottfried Keller

Kleider machen Leute

von Astrid Wiese

Klett Lerntraining

Astrid Wiese, Gymnasiallehrerin für Deutsch und Philosophie in Berlin

Die Textzitate folgen den Ausgaben: Gottfried Keller: Kleider machen Leute. Mit Materialien, zusammengestellt von Klaus-Ulrich Pech und Rainer Siegle. Stuttgart/Leipzig: Ernst Klett Schulbuchverlage 2012 [zit. als: K], und Gottfried Keller: Kleider machen Leute. Novelle. Stuttgart: Reclam 2000 (Reclams Universal-Bibliothek Nr. 7470) [zit. als: R].

Bibliografische Information der Deutschen Bibliothek
Die Deutsche Bibliothek verzeichnet diese Publikation in der Deutschen Nationalbibliografie; detaillierte bibliografische Daten sind im Internet über http://dnb.dnb.de abrufbar.

Dieses Werk folgt der reformierten Rechtschreibung und Zeichensetzung. Ausnahmen bilden Texte, bei denen künstlerische, philologische oder lizenzrechtliche Gründe einer Änderung entgegenstehen.

1. Auflage 2016

www.klett-lerntraining.de
Umschlagfoto: Shutterstock, New York (Nicku)
Redaktion: Christine Sämann
Satz: DOPPELPUNKT, Stuttgart
Druck: medienhaus Plump GmbH, Rheinbreitbach
Printed in Germany
ISBN 978-3-12-923101-2

Inhalt

Handlungsverlauf

Gottfried Kellers Novelle *Kleider machen Leute* ist eine Erzählung, die der Epoche des Realismus zugeordnet wird. Es geht um die Wirkung der äußeren Erscheinung und den Umgang mit Irrtum, Täuschung und Liebe. Ein auktorialer (allwissender), teilweise sehr ironischer Erzähler kommentiert und bewertet das Geschehen.

Die Erzählung ist formal nicht in Kapitel unterteilt. Inhaltlich ist aber eine Gliederung in vier größere Erzählabschnitte möglich:

1. Der mittel- und arbeitslose Schneider Wenzel Strapinski kommt in die kleine Stadt Goldach, wo er aufgrund seiner Kleidung und seines Verhaltens für einen Grafen gehalten wird. Immer wieder misslingt es ihm, dieser missverständlichen Situation zu entkommen.
2. Weil er sich in Nettchen, die Tochter des Amtsrats, verliebt, beginnt er, sich in seine Rolle einzufinden. Schließlich wirkt er aktiv an dem Täuschungsmanöver mit.
3. Es kommt dann zur Entlarvung des mutmaßlichen Grafen als Schneider, die für ihn nicht nur unangenehm ist, sondern zunächst auch das Ende seiner Beziehung zu Nettchen bedeutet.
4. Am Schluss offenbart der Schneider Nettchen seine Lebensumstände und sie besinnt sich auf die inneren Werte. Es kommt zur Versöhnung und anschließend zur Vermählung der beiden.

Bei den im Folgenden zitierten Textstellen werden die auf S. 2 bezeichneten Ausgaben zugrunde gelegt. Textbelege sind jeweils mit K bzw. R gekennzeichnet. Da beide Ausgaben Erläuterungen zu schwer verständlichen oder veralteten Begriffen und Ausdrücken bieten, kann in der folgenden Darstellung weitgehend darauf verzichtet werden. Aufgrund der Kürze der Erzählung ist eine Orientierung aber auch in anderen Ausgaben möglich. Es ist lediglich zu beachten, dass Unterschiede in der Rechtschreibung bestehen können, je nachdem ob und in welchem Umfang sich ein Herausgeber für eine Modernisierung entschieden hat.

Der Schneider auf Wanderschaft	→ Ein arbeitsloser Schneider wandert mittellos auf der Landstraße von Seldwyla in Richtung Goldach und wird von einem Kutscher mitgenommen. → Seine gepflegte äußere Erscheinung besteht in Sonntagskleid, mit Samt gefüttertem Radmantel und polnischer Pelzmütze; seine Gesichtszüge sind ebenmäßig. → Als Charaktereigenschaften sind hervorgehoben: Zögerlichkeit und Schüchternheit.

Ein arbeits- und mittelloser Schneider auf Wanderschaft

Die Erzählung beginnt mit der Beschreibung der Hauptfigur, die zu diesem Zeitpunkt aber noch nicht bei ihrem Namen genannt wird. Die Rede ist zunächst nur von einem armen Schneiderlein. Im weiteren Verlauf werden dem Leser die Lebensumstände des Schneiders durch den auktorialen Erzähler (vgl. S. 50 f.) vermittelt: Durch den Bankrott seines Arbeitgebers in Seldwyla ist der Schneider arbeitslos geworden. Er ist nun „[a]n einem unfreundlichen Novembertag" (K 3.1 / R 3.1) unterwegs auf der Suche nach Arbeit in einer größeren Stadt. Hungrig und mittellos, „in seiner Tasche nichts als einen Fingerhut" (K 3.4 / R 3.5), wandert er auf der Landstraße von Seldwyla in Richtung der kleinen, aber reichen Stadt Goldach.

Der Schneider ist gut aussehend und gut gekleidet

Seine äußere Erscheinung gewinnt im weiteren Verlauf der Erzählung zunehmend an Bedeutung. So wird der Schneider bereits zu Beginn detailliert als gut aussehend und gut gekleidet geschildert: Er trägt über seinem Sonntagskleid einen mit Samt gefütterten schwarzen Radmantel und dazu eine polnische Pelzmütze. Die langen schwarzen Haare und sein Schnurrbart sind gepflegt, sein Teint ist blass und die Gesichtszüge regelmäßig. Dies verleiht dem Schneider „ein edles und romantisches Aussehen" (K 3.17 / R 3.21).

Da seine Erscheinung nicht auf einen mittellosen Schneider schließen lässt, kommt weder Betteln noch die Arbeitssuche in einer kleinen Stadt infrage. Letzteres würde zu viel Aufsehen erregen. Hinzu kommt, dass der Schneider an seinem Aussehen auch nichts ändern möchte, da es ihm „zum Bedürfnis geworden" (K 3.21 / R 3.25 f.) ist. Außerdem kann er sich aufgrund von Zögerlichkeit und Schüchternheit nicht erklären. Der Erzähler betont, dass die damit verbundene fortwährende Täuschung der Menschen, denen er begegnet, keineswegs gewollt oder gar böswillig ist. Ein Kutscher, der mit einem luxuriösen Wagen unterwegs zu einem fremden Grafen ist, hat Mitleid mit dem Schneider, weil es zu regnen begonnen hat. Er bietet ihm an, ihn ein Stück mitzunehmen. Dieser nimmt das Angebot dankbar an und fährt in der scheinbar schwer bepackten, jedoch völlig leeren Kutsche innerhalb einer knappen Stunde nach Goldach mit.

Ein Kutscher in einem luxuriösen Wagen nimmt den Schneider mit

➟ Der Schneider trifft im Gasthof „Zur Waage" ein und wird für einen Adligen gehalten. ➟ Wirt und Köchin diskutieren über die zu servierenden Speisen und Getränke. ➟ Der Schneider wird bewirtet. ➟ Er bemüht sich nicht um eine Aufklärung der Situation. ➟ Der Kutscher gibt den Schneider als den Grafen Wenzel Strapinski aus.	Ankunft in Goldach

In Goldach angekommen hält die imposante Kutsche vor dem Gasthof „Zur Waage". Der Hausknecht signalisiert lautstark die Ankunft eines Gastes. Sogleich stürzen sich Wirt, Kinder und Nachbarn, die den Schneider für einen Adligen halten, neugierig auf den Ankömmling:

Der Schneider trifft in Goldach ein und wird für einen Adligen gehalten

> „[…]; Kinder und Nachbarn umringten schon den prächtigen Wagen, […] und als der verdutzte Schneider endlich heraussprang […], schien er ihnen wenigstens ein geheimnisvoller Prinz oder Grafensohn zu sein." (K 4.23–28 / R 5.1–7)

Der überrumpelte Schneider reagiert nicht, um das Missverständnis aufzuklären, sondern lässt sich von dem Menschenauflauf in den Gasthof drängen. Der Erzähler lässt an dieser Stelle offen, ob der Schneider nicht geistesgegenwärtig genug reagiert oder ihm der Mut fehlt, „den Haufen zu durchbrechen und einfach seines

Der Schneider löst das Missverständnis nicht auf

Weges zu gehen“ (K 4.31 f. / R 5.11–13). Kurz darauf realisiert der Schneider, dass er sich bereits im Speisesaal des Gasthauses befindet.

Diskussion zwischen Köchin und Wirt über die angemessene Bewirtung

Währenddessen findet in der Küche eine Diskussion zwischen der Köchin und dem Wirt statt, in der es um die Möglichkeiten einer angemessenen Bewirtung des vermeintlichen Adligen geht, ohne dass die Stammgäste auf ihre übliche Verköstigung verzichten müssen. Die Köchin schlägt vor, dem Schneider die besseren Gerichte zu servieren und die Reste mit gewöhnlicheren Nahrungsmitteln zu strecken. Der Wirt gerät in einen Zwiespalt: Einerseits möchte er den vermeintlichen Grafen standesgemäß bewirten und dafür weder Kosten noch Mühen scheuen, da er hofft, der gute Ruf des Gasthauses möge über die Grenzen Goldachs hinausgetragen werden:

> „Tut nichts, es ist um die Ehre! Das bringt mich nicht um; dafür soll ein großer Herr, wenn er durch unsere Stadt reist, sagen können, er habe ein ordentliches Essen gefunden, obgleich er ganz unerwartet und im Winter gekommen sei!“ (K 6.20–23 / R 7.12–16)

Andererseits möchte er auch, dass seine Stammgäste nichts zu beanstanden haben. Der Köchin gegenüber beruft er sich dabei auf seinen soliden und ehrenhaften Charakter. Allerdings setzt er die Diskussion nicht fort, als die Köchin versichert, es falle nicht auf, wenn der Rebhuhnpastete, die der Gast übrig lässt, Schnepfen untergemischt würden.

Erster Fluchtversuch

Während der Tisch gedeckt wird, fühlt sich der Schneider zunehmend unwohl und unternimmt den ersten aktiven Versuch, der Situation zu entkommen. In Mantel und Mütze verlässt er den Speisesaal. Der Kellner missversteht das Verhalten des Schneiders und weist ihm den Weg zur Toilette. Der Schneider, so kommentiert der Erzähler ironisch, „ging […], sanft wie ein Lämmlein, dort hinein und schloss ordentlich hinter sich zu“ (K 7.6 f. / R 8.3–5). Den bewussten Aufenthalt hinter verschlossener Türe wertet der Erzähler als „die erste selbsttätige Lüge“ (K 7.12 / R 8.10 f), mit der der Schneider „den abschüssigen Weg des Bösen“ (K 7.14 / R 8.14) betritt.

Während dieser Phase der Erzählung – aber auch in späteren Episoden – gleichen die im Gasthaus arbeitenden Personen die Verhaltensweisen des Schneiders ganz dem Bild an, das sie von dem unbekannten „Adligen" haben. Die Schüchternheit wird dem Schneider als Vornehmheit ausgelegt, das Tragen des Mantels als Frieren – woraufhin sofort der Raum geheizt wird – und die Zögerlichkeit beim Essen als Höflichkeit. Auch als der Schneider im Verlauf des Essens von seinem Hunger übermannt wird und hemmungslos zugreift, ordnet der Wirt dieses Verhalten in jenen Kontext ein, von dem er fest überzeugt ist, nämlich, dass es sich bei seinem Gast um einen vornehmen Menschen handelt:

> „[...] es sieht sich zwar nicht ganz elegant an, aber so hab ich, als ich zu meiner Ausbildung reiste, nur Generäle und Kapitelsherren essen sehen!"(K 9.28–30 / R 11.10–13)

Der Kutscher gibt den Schneider als den polnischen Grafen Wenzel Strapinski aus

Der Kutscher, der den Schneider nach Goldach gebracht hat, bestätigt schließlich die Annahme der Goldacher, es handele sich bei dem Neuankömmling um einen Adligen. Damit erlaubt er sich einen Scherz auf Kosten des Schneiders, da dieser sich für die Fahrt nicht bedankt hat. Mehr oder weniger zufällig nennt der Kutscher dem Personal des Gasthofes den richtigen Namen des Schneiders – Wenzel Strapinski – und gibt ihn als Grafen aus. Der Kutscher fährt los und lässt die Kosten für sich und die Pferde Strapinski auf die Rechnung setzen.

Begegnung mit den Abendherren und dem Amtsrat

- Die Abendherren begutachten den vermeintlichen Grafen und schließen Bekanntschaft mit ihm.
- Strapinski und die Herren brechen zu einem Ausflug zum Gut des Amtsrats auf.
- Melchior Böhni schöpft Verdacht.
- Strapinski gewinnt Geld und versucht vergeblich erneut zu fliehen.
- Durch seine Ausbildung beim Militär verfügt er über Fähigkeiten und Fertigkeiten, die die anderen weiterhin glauben lassen, er sei ein Graf.
- Strapinski sieht Nettchen.

Im Gasthof treffen die Stammgäste zum Kaffee ein: der Stadtschreiber, der Notar, der Sohn des Hauses Häberlin und Cie. (schweizerisch für: Co.), der Sohn des Hauses

Pütschli-Nievergelt und der Buchhalter Melchior (auch: Melcher) Böhni. Statt wie üblich um den Kaffee zu spielen, begutachten sie Strapinski. Der Erzähler wertet ihr Verhalten als großtuerisch und kleinbürgerlich:

Die Abendherren begutachten den „Grafen"

> „[...] allein statt ihre Partie zu spielen, gingen sämtliche Herren in weitem Bogen hinter dem polnischen Grafen herum, die Hände in den hinteren Rocktaschen, mit den Augen blinzelnd und auf den Stockzähnen lächelnd. Denn es waren diejenigen Mitglieder guter Häuser, welche ihr Leben lang zu Hause blieben, deren Verwandte und Genossen aber in aller Welt saßen, weswegen sie selbst die Welt sattsam zu kennen glaubten." (K 11.7–13 / R 13.2–10)

Anfängliches Misstrauen („Also das sollte ein polnischer Graf sein?", K 11.14 / R 13.11) weicht dem Vertrauen in den Wirt, da dieser bisher „noch keine dummen Streiche" (K 11.17 / R 13.15) gemacht hat. Schließlich nehmen sie an Strapinskis Tisch Platz.

Die Abendherren umwerben den „Grafen"

Um Eindruck zu schinden, bieten die Abendherren Strapinski Tabakwaren an und versuchen sich dabei gegenseitig zu überbieten, indem sie die Qualität ihrer jeweiligen Zigarren oder Zigaretten betonen. Strapinski behagt die Situation nicht, er schweigt jedoch abermals:

> „Strapinski lächelte sauersüß, sagte nichts und war bald in feine Duftwolken gehüllt" (K 12.7 f. / R 14.9 f.).

Die Abendherren beschließen, den Amtsrat zu besuchen, um seinen frisch gekelterten Wein zu probieren. Pütschli-Nievergelt und der Wirt stellen jeweils ein Fuhrwerk und Strapinski wird zu diesem Ausflug eingeladen. Der Schneider nimmt das Angebot an, um den Ausflug zur Flucht zu nutzen. Die Zeche will er den Abendherren überlassen. Er rechtfertigt sein Vorgehen, indem er die Abendherren abwertet:

> „[...] den Schaden sollten die törichten und zudringlichen Herren an sich selbst behalten." (K 12.23 f. / R 14.29 f.)

Der Erzähler wertet das Verhalten Strapinskis nicht ausdrücklich als amoralisch, sondern schreibt es dem Weinkonsum zu, der „seinen Witz erwärmt" (K 12.21 / R 14.26) hat.

Strapinski, der in seinem Heimatdorf als Junge schon für den Gutsherrn gearbeitet hat, später beim Militär war und bei diesen Gelegenheiten offenbar den Umgang mit Pferdefuhrwerken gelernt hat, kann erneut beeindrucken. Die Herren sehen sich in ihrem Bild des „Grafen“ bestätigt.

Der Ausflug zum Gut des Amtsrats

Auf dem Gut spielt sich eine ähnliche Szene wie im Gasthaus „Zur Waage“ ab: Nachdem der Schneider als polnischer Graf vorgestellt wurde, bereitet der Amtsrat „eine feinere Bewirtung“ (K 13.11 f. / R 15.21) vor, während die Verköstigung mit neuem Wein schon in vollem Gange ist. Das Kartenspiel, zu dem es im Gasthaus beim Nachmittagskaffee nicht gekommen ist, wird nun nachgeholt. Strapinski schaut zunächst zu und die Herren nutzen die Gelegenheit, um den vermeintlichen Grafen zu beeindrucken, indem sie es darauf anlegen, „geistreich und gewandt zu spielen und den Gast zu gleicher Zeit zu unterhalten“ (K 13.21 f. / R 15.32–34). Der Erzähler kommentiert ironisch:

> „So saß er denn wie ein kränkelnder Fürst, vor welchem die Hofleute ein angenehmes Schauspiel aufführen und den Lauf der Welt darstellen.“ (K 13.22–24 / R 15.34–16.2)

Auch beim Smalltalk über Jagd und Pferde wird der Schneider seiner Rolle als Graf gerecht, indem er wohl dosiert Redensarten einstreut, die er in der Nähe von Offizieren und Gutsherren gehört hat. Hier schreibt der Erzähler dem Schneider bereits ein gewisses taktisches Vorgehen zu:

> „Wenn er diese Redensarten auch nur sparsam, mit einer gewissen Bescheidenheit und stets mit einem schwermütigen Lächeln vorbrachte, so erreichte er damit nur eine größere Wirkung“ (K 14.1–3 / R 16.13–17).

Melchior Böhni wird misstrauisch

Der geborene Zweifler (vgl. K 14.6 / R 16.20 f.) Melchior Böhni, dem die zerstochenen Finger des Schneiders aufgefallen sind, schöpft Verdacht. In der Hoffnung auf einen „Goldacher Putsch“ (K 14.8 / R 16.23) beschließt er, seinen Verdacht für sich zu behalten und den Dingen ihren Lauf zu lassen. Nach zwei Partien tauschen die Herren den neuen Wein gegen alten und das Kartenspiel gegen ein allgemeines Glücksspiel.

Glücksspiel um Geld

Die Herren setzen jeweils eine Silbermünze. Als der Schneider mit dem Setzen an der Reihe ist, gerät er in die peinliche Situation, kein Geld dafür zur Verfügung zu haben. Dieser Situation entkommt er, indem er sagt, er habe kein solches Geldstück (vgl. K 14.21 / R 17.4). Die Aussage lässt sich zumindest dahingehend deuten, dass Strapinski zwar behauptet, eine solche Silbermünze nicht zu besitzen, nicht jedoch kein Geld im Allgemeinen zu haben. Inwieweit hier eine bewusste Täuschung vorliegt, lässt der Erzähler offen. Melchior Böhni, der die Wahrheit ahnt, setzt für Strapinski. Vor den übrigen Herren hat Böhni mit seinem Ablenkungsmanöver leichtes Spiel:

> „[...] aber schon hatte Melcher Böhni, der ihn beobachtet, für ihn eingesetzt, ohne dass jemand darauf Acht gab, denn alle waren viel zu behaglich, als dass sie auf den Argwohn geraten wären, jemand in der Welt könne kein Geld haben."
> (K 14.22–25 / R 17.5–9)

Im Verlauf des Spiels gewinnt Strapinski mehr, als er verliert, und ist schließlich im Besitz einiger Goldmünzen. Die fehlende Erfahrung im Umgang mit Geld veranlasst ihn, die Herren zu beobachten und sich an deren Verhalten zu orientieren:

> „[...] als man das Spiel satt bekam, besaß er einige Louisdors, mehr als er jemals in seinem Leben besessen hatte, welche er, als er sah, dass jedermann sein Geld einsteckte, ebenfalls zu sich nahm, nicht ohne Furcht, dass alles ein Traum sei."
> (K 14.33–15.4 / R 17.19–23)

Melchior Böhni entgeht das Verhalten des Schneiders nicht und er ist sich nunmehr fast sicher, dass Strapinski kein Graf ist.

Zweiter Fluchtversuch

Der Buchhalter, der sich im Gegensatz zu den anderen Herren durch seine scharfe Beobachtungs- und Kombinationsgabe auszeichnet, gewinnt hier zusätzlich an sympathischen Zügen: Er erkennt an, dass Strapinski weder geldgierig noch eingebildet ist, und sieht aus diesem Grund davon ab, ihn zu entlarven. Böhnis Einschätzung des Schneiders wird im Folgenden bestätigt: Strapinski setzt erneut an, Goldach mit etwas Reisegeld in der Tasche zu verlassen und seine Rechnung von der nächsten Stadt aus zu begleichen. Die Ernsthaftigkeit seines Vorhabens unterstreicht der Erzähler mit einer Beschreibung Strapinskis, die der zu Beginn der Erzählung an Ausführlichkeit und Detailreichtum nicht nachsteht. Anders jedoch als zu Beginn bekommt Strapinskis Gesamterscheinung nun etwas Würdevolles:

> „Er nahm sich mit seiner bewölkten Stirne, seinem lieblichen, aber schwermütigen Mundbärtchen, seinen glänzenden schwarzen Locken, seinen dunklen Augen, im Wehen seines faltigen Mantels vortrefflich aus [...]." (K 15.20–24 / R 18.9–13)

Diese Beschreibung, die mit der Eingangsbeschreibung gewissermaßen den Rahmen des ersten Teils der Erzählung bildet, leitet zugleich die Wende im Geschehen ein. Als sich Strapinski in Sicherheit vor den Blicken der Gesellschaft glaubt, tritt ihm plötzlich der Amtsrat mit seiner Tochter Nettchen entgegen (vgl. K 15. 30 f. / R 18.21–23).

Begegnung mit Nettchen

Strapinskis Zwiespalt

- Strapinskis Flucht ist misslungen.
- Er beginnt die Rolle des Grafen aktiv zu gestalten.
- Nettchen und Strapinski flirten.
- Strapinski gerät in einen Zwiespalt: Er möchte einerseits fliehen, andererseits gefällt ihm Nettchen.
- Er singt ein polnisches Lied und bestärkt damit die Annahme, er sei ein polnischer Graf.

Nettchen wird als hübsche, herausgeputzte junge Frau beschrieben. Ihr Vater, der Amtsrat, bittet Strapinski ins Haus, um gemeinsam mit den anderen Herren Abendbrot zu essen. Auf diese Weise vereitelt er die Flucht. Strapinski ist völlig eingenommen von der Tochter des Amtsrats. Auch Nettchen hat sich augenscheinlich in den angeblichen Grafen verguckt. Sie wird rot und spricht „sogleich hastig und schnell und vieles mit ihm, wie es die Art behaglicher Kleinstädterinnen ist, die sich den Fremden zeigen wollen" (K 16.17–19 / R 19.11–14). Auch sie fällt auf den Ruf, der dem Schneider vorauseilt, herein und wertet Schüchternheit und Demut als Zeichen herausragenden Benehmens. Der Schneider beginnt nun, seine Rolle als Graf aktiv, aber noch ohne ausgeklügelte Taktik zu gestalten. Er drückt sich ge-

Nettchen: hübsch und herausputzt

Strapinski beginnt seine Rolle als polnischer Graf aktiv mitzugestalten

wählter aus und lässt – zum Zeichen seiner Herkunft – polnische Brocken einfließen. Der Erzähler kommentiert:

> „[...] das Schneiderblütchen fing in der Nähe des Frauenzimmers an, seine Sprünge zu machen und seinen Reiter davonzutragen." (K 16.23–25 / R 19.19–22)

Strapinski im Zwiespalt

Die innere Zerrissenheit des Schneiders, die im weiteren Verlauf mehr und mehr an Bedeutung gewinnt, wird hier offensichtlich: Am Tisch erhält er den Ehrenplatz neben Nettchen und bedenkt schwermütig:

> „[...] nun müsse er mit den andern wieder in die Stadt zurückkehren oder gewaltsam in die Nacht hinaus entrinnen, und da er ferner überlegte, wie vergänglich das Glück sei [...] und sagte sich zum Voraus: Ach, einmal wirst du doch in deinem Leben etwas vorgestellt und neben einem solchen höheren Wesen gesessen haben." (K 16.28–34 / R 19.26.33)

Strapinski und Nettchen beginnen zu flirten. Die Tochter des Amtsrats ist so angetan von dem „Grafen", dass sie ihm jegliche Unbeholfenheit als liebenswürdig auslegt, obwohl sie sonst in Bezug auf höfliches Benehmen ausgesprochen sensibel ist.

Das polnische Bauernlied

Die Szene gipfelt in der zaghaften und melancholischen Darbietung eines polnischen Liedes aus dem bäuerlichen Milieu. Der Vortrag wird nur deshalb überschwänglich gelobt und beklatscht, weil niemand den Text versteht. Dieser handelt von Schweinen, Ochsen und der Schweinehirtin Kathinka. Auch hier kommentiert der Erzähler ironisch: „Glücklicherweise verlangte niemand die Übersetzung dieses Gesanges." (K 17.28 f. / R 20.32 f.)

Bestätigung der Rolle

Mit dieser Äußerung gibt der Erzähler wiederholt zu verstehen, dass Strapinski nun nicht mehr ohne eigenes Zutun in der Rolle des fremden Grafen zu sehen ist. Der Schneider hat die ihm zugeschriebene Rolle angenommen und ist somit nun auch angreifbar geworden, da Melchior Böhni ihn jederzeit entlarven könnte.

Aber auch die Abendherren und der Amtsrat werden durch den Erzählerkommentar in ihrer Rolle bestätigt:

> „Mit dem Überschreiten solchen Höhepunktes der Unterhaltung brach die Gesellschaft auf; der Schneider wurde wieder

> eingepackt und sorgfältig nach Goldach zurückgebracht; vorher hatte er versprechen müssen, nicht ohne Abschied davonzureisen." (K 17.30–18.1 / R 21.1–5)

Hier zeigt sich, dass ein wesentlicher Unterschied besteht zwischen dem Niveau, das die Goldacher zu haben vorgeben, und dem, das sie tatsächlich haben, wenn ein Lied über Schweine und Ochsen den Höhepunkt der Unterhaltung markiert. Aber auch ihre Einstellung gegenüber Strapinski – sie behandeln „ihren Grafen" wie eine Trophäe – zeugt nicht von dem Status, den sie vorgeben.

- ➟ Strapinski wird für einen politischen Flüchtling gehalten.
- ➟ Die Abendherren ersetzen ihm das vermeintlich verlorengegangene Gepäck.
- ➟ Strapinski wird auch gedanklich zum Grafen.
- ➟ Der Erzähler beschreibt die Stadt.
- ➟ Strapinski interpretiert die Sinnbilder der Häuser auf seine Weise.

Der Schneider nimmt seine Rolle als Graf an

Der Wirt bemerkt das fehlende Gepäck

Im Gasthof „Zur Waage" angekommen möchte Strapinski zu Bett gehen, während die anderen noch bei einem Glas Punsch zusammensitzen. Der Wirt begleitet ihn in sein Zimmer und stellt fest, dass jegliches Gepäck fehlt. Der Schneider, der in Wahrheit lediglich sein Reisetagebuch und wenige Pflegeprodukte für Haar und Bart auf dem Rücksitz der Kutsche hat liegen lassen, zeigt sich über den Verlust besorgt. Der Wirt vermutet neben größerem Gepäck gleich etwas besonders Wichtiges und will den Kutscher zurückrufen lassen. Der Schneider hält ihn davon ab, da sich seine eigenen Spuren für einige Zeit verlieren müssen (vgl. K 18.23 f. / R 21.33 f.). Strapinski ist „selbst betreten über diese Erfindung" (gemeint ist die Lüge seiner Verfolgung) und offenbart damit einen Gewissenskonflikt. Der Wirt erzählt den Abendherren von der Flucht des Kutschers und zeigt sich – aufgrund aktueller Vorkommnisse – überzeugt, dass der Graf ein Opfer politischer Verfolgung ist.

Das Gerücht einer Verfolgung macht die Runde

Strapinski täuscht Verfolgung vor

Die Herren ersetzen das „fehlende" Gepäck

Strapinski schläft gut und wird erst spät am Morgen wach. Unterdessen haben die Abendherren das verloren geglaubte Gepäck bereits ersetzen lassen. Neben einem großen Angebot an Toilettenartikeln und Kleidung liegen auch Musikinstrumente bereit. Dem schließt der Erzähler eine Charakterisierung der Goldacher Geschäftsmänner an. Er beschreibt sie als „mehr schlau als vernagelt“ (K 19.12 f. / R 22.28) und erklärt ihr Verhalten und ihre Überzeugung, Strapinski sei ein Graf, durch das Umfeld: Goldach als kleine, wohlhabende Stadt bietet kaum Abwechslung, sodass ein aufregendes Ereignis unhinterfragt willkommen geheißen wird. Auf der Ablenkung wird aufgebaut „wie auf einem Felsen“ (K 19.20 / R 23.2). Der erstaunte Strapinski überzeugt sich mithilfe seines Fingerhutes in der Tasche von der Realität der Situation und nimmt die Rolle des Grafen wieder ein.

Der Schneider wird zum Grafen

Mit dem neuen Tag entwickelt sich bei Strapinski nun auch ein neues Bewusstsein: Er verschmilzt gleichsam mit seiner Rolle. Statt zu gehen, schreitet er „mit gutem Anstand und doch bescheiden hinaus“ (K 19.33 f. / R 23.18 f.). Dass er eine innere Wandlung vollzogen hat, wird noch deutlicher, als er die Stadt „mit ganz anderer Miene“ betrachtet, „als wenn er um Arbeit darin ausgegangen wäre“ (K 20.1 f. / R 23.21 f.). Nicht nur inhaltlich, sondern auch sprachlich verweist diese Formulierung auf eine Veränderung: Die Realität steht hier im Konjunktiv („wäre“) und die Fiktion im Indikativ („besah“). Das Verhältnis ist nun umgekehrt.

Die Beschreibung der Stadt

Mit verhältnismäßig großem Detailreichtum liefert der Erzähler nun eine Schilderung der Stadt, mit der er deren Bewohner karikiert. So spiegelt sich die mittelalterliche Geschichte der Stadt in Häusernamen wie „zum Schwert“ oder „zum Eisenhut“ wider (vgl. K 20.9–14 / R 23.31–24.3). Die Zeit der Aufklärung hat ihre Spuren in Namen wie „zur Eintracht“ und „zur Redlichkeit“ hinterlassen (vgl. K 20.17–21 / R 20.3–13). Aber auch die Bewohner werden durch die Namen ihrer Häuser treffend, oftmals auch ironisch beschrieben. So wohnt der Friedensrichter – das Friedensgericht ist eine niedere juristische Instanz – in einem Haus mit dem Namen „zum Tod“ (K 20.27 / R 24.19), der Schuldenschreiber „im Hause zur Geduld“ (K 20.29 / R 24.21). Die „neuesten Häuser der Fabrikanten, Bankiere und Spediteure und ihrer Nachahmer“ haben Namen wie „Rosental“ oder „Veilchenburg“ (vgl. K 20.32 f. / R 24.26 f.) – vom Erzähler mit einem Augenzwinkern „die Poesie" (K 20.32 / R 24.26) jener Berufsgruppen genannt – oder verweisen durch Namen wie „Henriettental" oder „Wilhelminenburg" durch den darin enthaltenen Frauenname darauf, dass der dazugehörige Mann sein Vermögen mitunter der Mitgift verdankt: Er hat in eine reiche Familie eingeheiratet.

Die zahlreichen Verzierungen der Häuser wirken durch die Beschreibung des Erzählers repräsentativ und verspielt. Das ist zwar ernst gemeint, doch zugleich nicht ganz ernst zu nehmen:

> „Die ganze Herrlichkeit war aber von der alten Ringmauer eingefasst, welche, obwohl nichts mehr nütze, dennoch zum Schmucke beibehalten wurde, da sie ganz mit dichtem Efeu überwachsen war und so die kleine Stadt mit einem immergrünen Kranze umschloss." (K 21.9–13 / R 25.3–8)

Strapinski interpretiert die Namen der Häuser

Insbesondere die letztere Beschreibung erinnert an einen Dornröschenschlaf, der hier auf die Stadt und ihre Bewohner bezogen ist. Strapinskis Interpretation der Aufschriften der Häuser, insbesondere des Namens des Gasthofs, dient ihm zur Rechtfertigung seiner Situation: Die geheimnisvolle Kraft des Symbols der Waage, das für Gerechtigkeit steht, verhilft ihm, dem armen, Hunger leidenden Schneider, zu ausgleichendem Ansehen und entsprechender Bewertung. Dass der Erzähler diese Einschätzung nicht teilt, beweist seine Formulierung „So war er geneigt zu glauben" (K 21.21 / R 25.17 f.).

Strapinski ändert seine Abreisepläne, als er Nettchen begegnet

Der Schneider steht nun am Ende seiner Stadtbesichtigung am Stadttor und damit zugleich vor der Entscheidung, ob er mit Reisegeld in der Tasche an einem trockenen, sonnigen Tag seine Wanderung fortsetzen oder in die Stadt zurückkehren soll. Die Unschlüssigkeit darüber, welchen Weg er einschlagen soll, spiegelt seine innere Zerrissenheit: Während der eine Weg in die Stadt mit ihren gastlichen Rauchsäulen und den funkelnden Turmköpfen führt, der andere hingegen aufs freie Feld, „lockt" ein Weg zu Glück, Genuss und Verschuldung, vom anderen aber „glänzen" Arbeit, Armut, Entbehrung und ein gutes Gewissen (vgl. K 22.4 f. / R 26.5 f.). Der Schneider, der sich zunächst für den Weg aus der Stadt hinaus, also für das rechtschaffene, arbeitsame Leben, entscheidet, ändert sein Vorhaben, als er erneut Nettchen begegnet. Folgende Formulierungen stellen aber deutlich heraus, dass ihm zumindest ein Teil seiner Zurechnungsfähigkeit aberkannt wird:

> Noch an demselben Tage galoppierte er auf dem besten Pferde der Stadt, […] und die fallenden Blätter der Linde tanzten wie ein goldener Regen um sein verklärtes Haupt. Nun war der Geist in ihn gefahren." (K 22.17–22 / R 26.20–27)

Strapinskis Gewissen meldet sich	
	➟ Strapinski beginnt, die Verhaltensweisen der Goldacher zu imitieren und zu modifizieren, um fremd und geheimnisvoll zu wirken. ➟ Er leidet unter Schlafstörungen, da er sowohl ein schlechtes Gewissen als auch Angst vor Entdeckung hat. ➟ Gelegentlich denkt er noch an Flucht, plant aber zunehmend zu bleiben, da er versucht, mithilfe von Lotterielosen an Geld zu kommen. ➟ Die Goldacher halten den diesbezüglichen Schriftverkehr für einen geschäftlichen.

Strapinski übt die Rolle des Grafen aktiv ein

Die Wandlung vom Schneider zum Grafen vollzieht sich ab jetzt durch aktives Zutun und mithilfe taktischen Vorgehens. Strapinski beobachtet die Goldacher genau, kopiert und modifiziert deren Verhaltensweisen, sodass er fremdartig und geheimnisvoll wirkt. Er belauscht Gespräche, um mehr über seine Wirkung und das Bild, das die Goldacher von ihm haben, herauszufinden. Grund dafür ist, dass er sich diesem Bild entsprechend verhalten und es nach seinem Geschmack ausbauen möchte. Die Goldacher erweisen sich als dankbares Publikum und nehmen Neuartiges gierig auf. Die Wechselwirkung zwischen dem Bild, das sie von ihrem Grafen haben, und dem Verhalten des Schneiders beschreibt der Erzähler als die gemeinsame Arbeit an einem Roman:

> „So ward er rasch zum Helden eines artigen Romanes, an welchem er gemeinsam mit der Stadt liebevoll arbeitete, dessen Hauptbestandteil aber immer noch das Geheimnis war." (K 22.34–23.2 / R 27.7–10)

Strapinski leidet zunehmend unter Schlafstörungen, die teils von seinem schlechten Gewissen herrühren, teils aber auch auf die Angst vor einer Entlarvung zurückzuführen sind. Während der Erzähler Strapinskis Verhalten bislang mit einer gewissen Milde kommentiert hat, wertet er nun die Angst vor Entdeckung klar als moralische Verfehlung:

Strapinski leidet unter der Angst vor Entdeckung und unter einem schlechten Gewissen

> „[…] und es ist mit Tadel hervorzuheben, dass es ebenso viel die Furcht vor der Schande, als armer Schneider entdeckt zu werden und dazustehen, als das ehrliche Gewissen war, was ihm den Schlaf raubte." (K 23.4–7 / R 27.13–17)

Strapinskis Eitelkeit hat dazu geführt, dass er in diese missliche Lage geraten ist. Zwar denkt er gelegentlich noch daran, zu einem günstigen Zeitpunkt die Stadt zu verlassen, sein Gewissen ist aber nicht stark genug, dieses Vorhaben in die Tat umzusetzen. Stattdessen kauft er Lotteriescheine, in der Hoffnung, dabei genug Geld zu gewinnen, um seine Schulden irgendwann zu begleichen. Die Briefe, die er beim Erwerb der Lotteriescheine gelegentlich erhält, werten die Goldacher als „Zeichen wichtiger Beziehungen und Verhältnisse" (K 23.19 f. / R 27.31 f.).

Strapinski ignoriert sein Gewissen und beginnt mit dem Lotteriespiel

Strapinski investiert gewonnenes Geld sofort wieder in Lose, bis er eines Tages eine Summe gewinnt, mit der er die Schulden begleichen und die Stadt verlassen könnte. Er kann sich aber nicht zu einer unspektakulären Abreise durchringen und plant, eine Geschäftsreise vorzutäuschen, um sich später mit der Nachricht zu melden, „dass das unerbittliche Schicksal ihm verbiete, je wiederzukehren" (K 23.33–24.1 / R 28.13 f.). Des Weiteren plant er, seine Schulden von einer anderen Stadt aus zu bezahlen und fernab von Goldach wieder einem geregelten Leben – nach Möglichkeit als Schneider – nachzugehen. Sich mit dem gewonnenen Geld als Schneider in Goldach niederzulassen, kommt für ihn nicht infrage, obwohl er das am liebsten täte: „[…] allein es war klar, dass er hier nur als Graf leben konnte" (K 24.7 / R 28.22 f.).

Strapinski plant, eine Geschäftsreise vorzugeben und nicht zurückzukehren

Nettchen und Strapinski werden ein Paar	➟ Die Gerüchte um eine Beziehung zwischen Nettchen und dem vermeintlichen Grafen mehren sich. ➟ Nach einem Lotteriegewinn kündigt Strapinski auf einem Ball seine Abreise an. ➟ Nettchen ist von dieser Nachricht schockiert und gesteht Strapinski, dass sie ihn liebt. ➟ Strapinski hält am nächsten Morgen beim Amtsrat um die Hand seiner Tochter an. ➟ Der Amtsrat willigt ein und möchte, dass sowohl Verlobung als auch Hochzeit so schnell wie möglich stattfinden.

Gerüchte um Strapinski und Nettchens Beziehung

Unterdessen kursieren in Goldach allerlei Gerüchte um Strapinskis Beziehung zu Nettchen, die bisweilen schon Gräfin genannt wird. Eine Entlarvung würde nicht nur Strapinskis, sondern auch Nettchens Ruf schaden.

Nachdem erneut ein Lotteriegewinn eingetroffen ist, verkündet Strapinski auf einem Ball seine Abreise. Nettchen, die diese Nachricht völlig aus der Bahn wirft, tanzt zunächst mit mehreren jungen Männern und schlägt Strapinskis Einladung zum Tanz aus. Traurig zieht sich dieser in den Garten zurück. Ihm wird bewusst, dass er eigentlich nur Nettchens wegen so lange in Goldach geblieben ist. Eine Beziehung auf der Basis einer Lüge erscheint ihm jedoch unmöglich.

Nettchen gesteht Strapinski ihre Liebe und hält ihn von der Abreise ab

Nettchen holt Strapinski ein und scheint nach ihrem Wagen zu suchen. Entweder steht sie noch völlig neben sich oder es handelt sich um einen Vorwand, denn der Wagen steht auf der anderen Seite des Hauses. Im nächsten Moment dreht sie sich um, steht vor Strapinski, der die Hände bittend nach ihr ausstreckt, und fällt ihm weinend um den Hals. Strapinski erwidert die Umarmung. Der Erzähler kommentiert:

> „Strapinski aber verlor in diesem Abenteuer seinen Verstand und gewann das Glück, das öfter den Unverständigen hold ist." (K 25.18 f. / R 30.10–12)

Der Amtsrat willigt in die Eheschließung ein

Nettchen setzt ihren Vater in derselben Nacht darüber in Kenntnis, dass sie Strapinski heiraten will. Dieser hält am nächsten Morgen bei ihrem Vater um ihre Hand an. Der Amtsrat willigt ein und berichtet, dass seine Tochter schon als kleines Mädchen der festen Überzeugung war, nur einen Italiener, Polen, Pianisten oder Räuberhauptmann zu heiraten. Sie habe sogar das Angebot Melchior Böhnis ausgeschlagen und sich über seinen roten Backenbart und die Angewohnheit, Tabak zu schnupfen, lustig gemacht.

Mit einer durchaus realistischen Einschätzung seiner Tochter als Träumerin bietet der Amtsrat an, dass Strapinski Nettchen gerne in die Heimat zurückschicken könne, falls sie in Polen unglücklich würde. Er lässt aber auch nicht unerwähnt, dass seine verstorbene Frau glücklich wäre, wenn Nettchen zur Gräfin würde.

Der Graf wird als Schneider entlarvt

- ➞ Strapinski braucht sein derzeitiges Vermögen für die Verlobungsfeier und für Brautgeschenke auf.
- ➞ Melchior Böhni schmiedet ein Komplott.
- ➞ Zur Verlobungsfeier findet eine Schlittenfahrt zu einem Gasthof zwischen Goldach und Seldwyla statt.
- ➞ Von der anderen Seite kommt ein Schlittenzug aus Seldwyla zu demselben Gasthof.
- ➞ Strapinski wird auf dem Verlobungsfest als Schneider enttarnt und verlässt die Feier.

Die Hochzeitsvorbereitungen laufen auf Hochtouren

Die Vorbereitungen für die Hochzeit laufen auf Hochtouren, denn der Graf, so der Amtsrat, solle sich nicht durch Hochzeitsangelegenheiten in seinen Geschäften aufhalten lassen (vgl. K 26.7–12 7 R 31.3–9). Die Formulierung des Erzählers lässt die Vermutung zu, dass es dem Amtsrat mehr darum geht, die Vermählung seiner Tochter in trockenen Tüchern zu haben, als um die geschäftlichen Belange Strapinskis, der sein derzeitiges Vermögen zur Finanzierung der Hochzeit und der Brautgeschenke aufgebraucht hat.

In Vorausdeutung dessen, was danach passieren würde, beschreibt der Erzähler die Landstraßen, die jetzt, zur Fastnachtszeit, die „prächtigste Schlittenbahn" (K 26.17 f. / R 31.11) böten. Er lässt weder unerwähnt, dass die Feier in einem Gasthaus genau zwischen Seldwyla und Goldach stattfinden solle, noch, dass auch die Seldwyler eine kostümierte Schlittenfahrt am selben Tag zum selben Gasthaus planen. Die Vermutung, dass

Melchior Böhni plant etwas

Melchior Böhni an dieser Planung nicht unbeteiligt ist, lässt folgendes Zitat zu:

> „Um diese Zeit geschah es, dass Herr Melchior Böhni in der letzteren Stadt Geschäfte zu besorgen hatte und daher einige Tage vor dem Winterfest in einem leichten Schlitten dahinfuhr, seine beste Zigarre rauchend […]." (K 26.24-27 / R 31.24-28)

Es folgt eine Schilderung des Goldacher Schlittenzuges, die an die Beschreibung der Stadt angelehnt ist. Die Schlitten-Beschreibung wirkt aber durch den Einbezug der Akteure lebendiger, denn die Goldacher kommentieren die Sinnbilder so, als ob es sich bei den entsprechenden Schlitten und deren Passagieren um die Personifikation der jeweiligen Tugend handelt:

> „Seht, da kommt die Tapferkeit! Wie schön ist die Tüchtigkeit!" (K 27.14 f. / R 32.20 f.)

Und auch hier wirkt der Erzähler ironisch, indem er darstellt, wie die Tugenden aufgrund der Neigung der Goldacher zur Repräsentation durch paradox anmutende Kommentare banalisiert, wenn nicht sogar ins Groteske verkehrt werden:

> „Die Verbesserlichkeit scheint neu lackiert zu sein und die Sparsamkeit ist frisch vergoldet!" (K 27.15–17 / R 32.21 f.)

Der Seldwyler Schlittenzug

Besonders herausgehoben wird die Galionsfigur Melchior Böhnis, ein jüdisches Männchen, das dreißig Jahre auf sein Heil gewartet hat. Diese Bemerkung legt eine Identifikation mit Melchior Böhni nahe. Auf einer Anhöhe treffen die beiden Schlittenzüge zusammen. Anders als der Goldacher Schlittenzug wirkt der Seldwyler bodenständiger. Auf bäuerlichen Lastschlitten werden große Figuren präsentiert, die die Geschichte des Schneiders erzählen: Eine Fortuna-Figur (Fortuna ist die Glücksgöttin) wird von einem düsteren Ziegenbock verfolgt. Weitere Schlitten zeigen ein Bügeleisen, eine Schere und andere Utensilien, die auf das Schneiderhandwerk anspielen. Der vorderste Schlitten trägt die Inschrift „Leute machen Kleider", der letzte „Kleider machen Leute" (vgl. K 28.23–29 / R 33.34–34.7). Offenbar dient der Zug der Goldacher dazu, den vermeintlichen Grafen als Schneider zu entlarven.

Während sich die überraschten Goldacher im Tanzsaal einfinden und die „unverwüstliche Laune der Seldwyler“ (K 29.8 f. / R 34.21 f.) belächeln, sammeln sich die Seldwyler in den unteren Räumen des Gasthauses. Böhni versucht, Strapinskis Beklemmung angesichts der Situation zunächst zu mildern, indem er einen falschen Herkunftsort für den Seldwyler Zug angibt.

Strapinski wird von den Seldwylern entlarvt

Als die Goldacher mit dem Tanzen beginnen wollen, taucht eine Gruppe von Seldwylern auf, die darum bitten, einen Schautanz vorführen zu dürfen. In diesem Tanz wird die Geschichte des Schneiders in unterschiedlichen Varianten dargeboten: Ein Schneider fertigt teure Kleidung an („Leute machen Kleider“) und legt diese Kleidung einem Bedürftigen an, der sogleich wohlhabend wirkt; eine Krähe legt sich Pfauenfedern an; ein Wolf schlüpft in einen Schafspelz und ein Esel verkleidet sich als Löwe. Abschließend wird Strapinski dargestellt, wie er mit Mütze und Mantel den Wagen besteigt. Der vermeintliche Graf des Schauspiels setzt sich im Schneidersitz hin, näht seinen Mantel fertig, tauscht seine ärmliche Kleidung gegen den Mantel, frisiert sich und steht als Ebenbild des echten Strapinski da. Der Strapinski-Schauspieler geht auf das Brautpaar zu und entlarvt den Schneider mit den Worten:

> „[…] sieh da den Bruder Schlesier, den Wasserpolacken! Der mir aus der Arbeit gelaufen ist, weil er wegen einer kleinen Geschäftsschwankung glaubte, es sei zu Ende mit mir. Nun, es freut mich, dass es Ihnen so lustig geht und Sie hier so fröhlich Fastnacht halten! Stehen Sie in Arbeit zu Goldach?“
> (K 31.13–18 / R 37.7–12)

Der Inhalt der Ansprache zeigt, dass es dem Seldwyler Schneider nicht um die Wahrheit geht, sondern persönliche Rache das vornehmliche Motiv ist.

Der Schneider, dessen Entlarvung nun die Aufmerksamkeit aller Anwesenden auf sich zieht, verfällt wieder in seine schüchterne Verhaltensweise, während die Seldwyler den Saal unter einstudiertem diabolischem Gelächter verlassen. Für Aufklärung unter den Goldachern sorgt nun Melchior Böhni, der offenbar sowohl über den Plan als auch über die Herkunft des Schneiders informiert ist.

Melchior Böhni sorgt für Aufklärung

Strapinski verlässt ohne Handschuhe und Mütze schweigend den Saal

Der Tumult legt sich, viele der Goldacher verlassen den Saal. Unter den verbleibenden Gästen stellt sich Unsicherheit ein, wie sie sich Nettchen gegenüber verhalten sollen. Nettchen und Strapinski selbst sitzen regungslos da. Als Strapinski Nettchens Blick trifft, steht er auf und geht ohne Handschuhe und Mütze weinend davon, „wie ein Toter, der sich gespenstisch von einem Jahrmarkt stiehlt" (K 32.15 f. / R 38.16 f.). Die noch anwesenden Goldacher und Seldwyler lassen ihn kommentarlos und ohne Häme passieren. Strapinski geht „halb unbewusst" (K 32.21 / R 38.24) denselben Weg zurück, den er einst gekommen ist, in Richtung Seldwyla.

Nettchen sucht den Schneider	
	→ Der Schneider schämt sich und fühlt sich zugleich als Opfer. → Melchior Böhni bietet Nettchen seine Begleitung an. → Nettchen lässt Böhni stehen und fährt mit ihrem Schlitten weg, um Strapinski zu suchen. → Nettchen findet Strapinski halb erfroren am Wegesrand. → In einem Bauernhaus kommt es zu einer Aussprache zwischen den beiden. → Nettchen verzeiht Strapinski und beschließt, ihn trotz des Betrugs zu heiraten.

Strapinski schämt sich

Strapinski beginnt sich zu schämen, als ob er tatsächlich seinen gesellschaftlichen Status als Graf verloren hätte. Die Scham wird jedoch bald von dem Gefühl, Opfer zu sein, überlagert, da er sich „bis zu seinem glorreichen Einzug in die verwünschte Stadt nie ein Vergehen zuschulden" kommen ließ (K 33.1–3 / R 39.7–9).

Im Wechselbad der Gefühle ist Strapinski offenbar selbst nicht mehr in der Lage, sein Verhalten moralisch eindeutig zu bewerten:

> „Er kam sich wie ein Kind vor, welches ein anderes boshaftes Kind überredet hat, von einem Altare den Kelch zu stehlen; er hasste und verachtete sich jetzt, aber er weinte auch über sich und seine unglückliche Verirrung." (K 33.8–12 / R 39.16–20)

Der Erzähler verteidigt Strapinski

Der Erzähler setzt zu einer eindrucksvollen Verteidigung Strapinskis an, indem er eine Reihe möglicher Betrüger anführt, die sich gewissenlos Vorteile verschaffen. Ihnen setzt er Strapinski entgegen, der bitterlich weinend an das verlassene Nettchen denkt: Vor dem Hintergrund seines Unglücks und seiner Scham wirkt der Verlust des Glücks in ganz besonderer Weise auf den Schneider und macht „aus dem unklar verliebten Irrgänger einen verstoßenen Liebenden“ (K 33.33 f. / R 40.11 f.).

Strapinski verbirgt sich vor den nahenden Seldwylern im Straßengraben

Vor den Seldwylern, die sich auf dem Nachhauseweg befinden, geht Strapinski im Straßengraben in Deckung und schläft schließlich im Schnee ein, „während ein eiskalter Hauch von Osten heranzuwehen begann“ (K 34.13 f. / R 40.30 f.). Unterdessen beginnt Nettchen nach einer einstündigen Starre zu weinen und zwei Freundinnen versuchen sie zu trösten. Während sie sich noch schnäuzt, trifft ihr Blick auf Melchior Böhni, der seine Chance wittert und ihr seine Begleitung für den Nachhauseweg anbietet. Er ist sich recht sicher, dass sein Plan Erfolg haben wird, doch Nettchen setzt sich in ihren Schlitten und fährt alleine fort, aber nicht nach Hause, sondern in Richtung Seldwyla. Der Erzähler lässt hier zwar ausdrücklich offen, ob Nettchen aus Verwirrung oder mit Vorsatz diesen Weg nimmt, bietet aber zugleich eine Interpretation der Situation an: Nettchen hat Strapinskis Mütze und Handschuhe dabei und murmelt leise vor sich hin, dass sie noch zwei Worte mit ihm reden müsse (vgl. K 35.21–26 / R 42.6–19). Daher kann ausgeschlossen werden, dass Nettchen ausschließlich aus Verwirrung diesen Weg nimmt. Unklar bleibt freilich, ob ihre Handlung bewusst oder intuitiv erfolgt. Sogleich räumt auch der Erzähler ein:

Melchior Böhni möchte Nettchens „Retter“ sein

> „Diese beiden Tatsachen scheinen zu beweisen, dass nicht ganz der Zufall die feurigen Pferde lenkte.“ (K 35.27 f. / R 42.20 f.)

Er beschreibt sogar, wie Nettchen nach Strapinski sucht:

> „Auch war es seltsam, als die Fortuna in die Waldstraße gelangte, in welche jetzt der helle Vollmond hineinschien, wie Nettchen den Lauf der Pferde mäßigte und die Zügel fester anzog, sodass dieselben beinah nur im Schritt einhertanzten, während die Lenkerin die traurigen, aber dennoch scharfen Augen gespannt auf den Weg heftete,

ohne links und rechts den geringsten auffälligen Gegenstand außer Acht zu lassen." (K 35.28–35 / R 42.22–30)

Nettchen weist Böhnis Angebot zurück, sucht und findet Strapinski

Auf dem Weg gerät Nettchen unbewusst ins Philosophieren und stellt den Umstand infrage, dass eine einzige Lüge über Glück und Unglück entscheiden kann. Da entdeckt sie am Wegesrand den Schneider. Ausnahmsweise benutzt der Erzähler an dieser Stelle dessen Vornamen Wenzel und stellt damit in dieser Situation eine Vertrautheit zwischen Nettchen und Strapinski her. Nettchen hat also die Situation intuitiv richtig erfasst: Der Schneider droht zu erfrieren. Sie spricht ihn an, und als dieser nicht reagiert, beginnt sie, sein Gesicht kräftig mit Schnee einzureiben, sodass er das Bewusstsein wiedererlangt und sich aufrichtet.

Strapinski bittet um Verzeihung und Nettchen sichert ihm sowohl ihre Hilfe als auch eine Aussprache zu, reicht ihm Mütze und Handschuhe und weist ihn an, in ihren Schlitten zu steigen. Sie fahren zu einer Bäuerin, die Nettchen nahesteht (Nettchen ist Patin eines ihrer Kinder) und die von den neuesten Ereignissen noch nicht erfahren haben kann. Unter dem Vorwand, sich verirrt zu haben, bittet Nettchen die Bäuerin, einen Augenblick hereinkommen zu dürfen.

Die Bäuerin freut sich über den Besuch Nettchens. Als sie Strapinski, den sie nach wie vor für einen Grafen hält, sieht, hegt sie den heimlichen Wunsch, einen Vorteil für sich oder ihre Kinder aus dem Zusammentreffen zu ziehen. Die Bäuerin serviert Kaffee und Nettchen bittet sie, mit ihrem Begleiter für eine Viertelstunde alleine sein zu können.

Nettchen und Strapinski im Bauernhaus

Obwohl sie selbst nichts zu sich nimmt, weist Nettchen Wenzel an, von dem Kaffee zu trinken, und dieser folgt ihrer Anweisung. Dann fordert Nettchen Wenzel auf, ihr seine Identität zu offenbaren und sie darüber aufzuklären, wie er zu ihr steht. Strapinski stellt Nettchen in Aussicht, sich das Leben zu nehmen, um ihr Genugtuung zu verschaffen. Er sei nichts weiter als ein armer Narr (vgl. K 38.33–35 / R 46.12–15). Nettchen fordert abermals eine Aufklärung in Bezug auf die Identität und die Absichten des Schneiders ein und Strapinski beginnt mit seinem Bericht.

Nachdenken über einen alternativen Handlungsverlauf

Während er erzählt, wie er nach Goldach gekommen ist, immer wieder hatte verschwinden wollen, schließlich aber durch Nettchens Auftauchen daran gehindert wurde, zeigt sich Nettchen in Ansätzen belustigt. Doch der Ernst der Lage verhindert ein herzhaftes Lachen. Auf die Frage Nettchens, wie es hätte weitergehen sollen, räumt Strapinski ein, er habe auf merkwürdige und glückliche Dinge gehofft (vgl. K 39.16 f. / R 46.33–35). Auch über den Freitod habe er nachgedacht (vgl. K 39.17 f. / R 46.35–47.2). Dieses Geständnis rührt Nettchen. Vermutlich, so Strapinski, wäre es so gekommen, dass er mit Nettchen in die Welt gegangen sei, einige glückliche Tage verlebt hätte, ihr den Betrug gestanden und sich dann das Leben genommen hätte. Sie wäre zurück zu ihrem Vater gegangen und hätte ihn bald vergessen. Er selbst, so Strapinski, wäre damit einfach verschollen und Nettchen die Schande erspart geblieben. Er behauptet zu bedauern, von Nettchen gerettet worden zu sein (vgl. K 39.23–35 / R 47.10–25).

Strapinskis Lebensgeschichte

Nettchen fragt Strapinski, ob er früher schon einmal auf diese oder ähnliche Weise betrogen habe. Der Schneider verneint dies und erzählt eine Geschichte, die sogar vom Gegenteil zeugt, indem er glaubhaft versichert, zugunsten seiner Mutter auf seine Karriere verzichtet zu haben: Wenzels Mutter, die stets einen Hang zu vornehmer Kleidung und guten Manieren hatte, stand im Dienst einer Gutsherrin, hoffte aber immer auf den sozialen Aufstieg. Als ihr Mann – Strapinskis Vater – aber früh starb, zerschlug sich diese Hoffnung.

Als die Gutsherrin später beschloss, das Reisen aufzugeben und sich niederzulassen, bot sie Strapinskis Mutter an, ihren Sohn Wenzel mitzunehmen und ihm eine bessere Zukunft zu ermöglichen. Strapinskis Mutter aber hing an ihrem Sohn und bat ihn zu bleiben. Er kam ihrer Bitte nach und absolvierte gegen seinen eigenen Willen, aber der Mutter zuliebe eine Schneiderlehre. Da er zum Militär musste, bliebt ihm schließlich nichts anderes übrig, als die Mutter doch zu verlassen. Noch bevor er für einen Urlaub zurückkehren konnte, war sie gestorben. Nach dem Militärdienst habe, so Strapinski, das Unglück seinen Lauf genommen.

Weiter möchte Nettchen wissen, wie viele Freundinnen oder Affären Strapinski vor ihr hatte, und verpackt ihre Frage als Kompliment:

> „Da Sie", sagte sie plötzlich, aber dennoch mit zögerndem spitzigen Wesen, „stets so wertgeschätzt und liebenswürdig waren, so haben Sie ohne Zweifel auch jederzeit Ihre gehörigen Liebschaften oder dergleichen gehabt und wohl schon mehr als ein armes Frauenzimmer auf dem Gewissen – von mir nicht zu reden?" (K 42.4–8 / R 50.7–13)

Strapinskis Erinnerung an die besondere Beziehung zu einem Kind

Wenzel versichert Nettchen, über keinerlei Beziehungserfahrung zu verfügen, räumt jedoch ein, dass ihm die Tochter der Gutsherrin durch ihr Wesen und ihre Anhänglichkeit im Gedächtnis geblieben sei. Sie war damals noch ein Kind und Strapinski hatte viel Zeit mit ihr verbracht und sie in sein Herz geschlossen. Nettchen erinnere ihn an dieses Kind, und der Erzähler deutet an, dass es sich bei Nettchen tatsächlich um dieses Kind handelt:

> „Wenzel aber streckte den Arm aus, zeigte mit dem Finger auf sie, wie wenn er einen Geist sähe, und rief:
> ‚Dieses habe ich auch schon erblickt. Wenn jenes Kind zornig war, so hoben sich ganz so, wie jetzt bei Ihnen, die schönen Haare um Stirne und Schläfe ein wenig aufwärts, dass man sie sich bewegen sah, und so war es auch zuletzt auf dem Felde in jenem Abendglanze.'
> In der Tat hatten sich die zunächst den Schläfen und über der Stirne liegenden Locken Nettchens leise bewegt wie von einem ins Gesicht wehenden Lufthauche. Die allzeit etwas kokette Mutter Natur hatte hier eines ihrer Geheimnisse angewendet, um den schwierigen Handel zu Ende zu führen."
> (K 43.6–17 / R 51.19–33)

Nettchen beschließt, nachdem sie den Schneider nun auf „Herz und Nieren" geprüft hat, eine Beziehung mit ihm einzugehen, und feiert „ihre rechte Verlobung aus tief entschlossener Seele" (K 43.23 f. / R 52.5 f.).

- Nettchen beschließt, dass sie und Strapinski sich in Seldwyla niederlassen werden.
- Die Seldwyler und die Goldacher spekulieren über eine mögliche Entführung.
- Böhni und der Amtsrat finden Nettchen.
- Nettchen unterbreitet dem Vater ihre Zukunftspläne.
- Der Amtsrat stimmt Nettchens Plänen nicht zu und möchte, dass Nettchen Melchior Böhni heiratet.
- Nettchen schaltet einen Anwalt ein.
- Nettchen und Strapinski bleiben vorerst in Seldwyla, gründen dort eine große Familie und kommen zu einem kleinen Vermögen.
- Strapinski versöhnt sich mit Nettchens Vater.
- Nach etlichen Jahren ziehen sie wieder nach Goldach und leben dort als angesehene Bürger.

Nettchen berichtet dem Vater von ihren Plänen

Nettchen plant die gemeinsame Zukunft mit Strapinski

Während Strapinski noch immer verträumt sein Glück kaum fassen kann, zeigt sich Nettchen ausgesprochen tatkräftig. Sie beschließt, mit Strapinski nach Seldwyla zu ziehen, um allen, die ihr Glück stören wollten, zu beweisen, dass der Plan das Gegenteil bewirkt hat. Wenzels Wunsch, stattdessen in der Fremde ein geheimnisvolles und romantisches Leben in stillem Glück zu führen (vgl. K 43.33–35 / R 52.18–20), schmettert Nettchen mit dem Kommentar „Keine Romane mehr" ab. Darüber hinaus zeigt sie sich auch ausgesprochen stolz ohne jeglichen Standesdünkel:

> „Allein Nettchen rief: ‚Keine Romane mehr! Wie du bist, ein armer Wandersmann, will ich mich zu dir bekennen und in meiner Heimat allen diesen Stolzen und Spöttern zum Trotze dein Weib sein! Wir wollen nach Seldwyla gehen und dort durch Tätigkeit und Klugheit die Menschen, die uns verhöhnt haben, von uns abhängig machen!'" (K 44.1–6 / R 52.21–27)

Rückkehr nach Seldwyla

Nachdem Wenzel die Bäuerin beschenkt hat, übernimmt er auf dem Nachhauseweg die Zügel des Pferdewagens und Nettchen genießt es, sich bei ihm anlehnen zu können. Ihre gerade erlangte Volljährigkeit gibt ihr zusätzliches Selbstvertrauen, ihren Lebensweg nun entsprechend ihren Vorstellungen einzuschlagen. In Seldwyla angekommen zeigt sich das Paar gegenüber den Einwohnern der Stadt selbstbewusst und mietet sich in einem Gasthof ein, während die Seldwyler und Goldacher über eine Entführung spekulieren.

Nettchen unterbreitet ihrem Vater ihre Heiratsabsichten

Der aufgeregte Böhni fährt mit dem ebenfalls aufgeregten Amtsrat früh am Morgen nach Seldwyla und findet dort den Wagen Nettchens, sodass die Situation aufgeklärt werden kann. Nach einer Weile bittet Nettchen ihren Vater auf ihr Zimmer und führt mit ihm ein Gespräch über ihre Absichten. Sie vermittelt ihm, dass sie Strapinski heiraten und ihm aufgrund des mütterlichen Erbes helfen werde, sich in Seldwyla eine berufliche Existenz aufzubauen.

Der Amtsrat hingegen zeigt sich nicht überzeugt. Ihm ist es lieber, Nettchen würde Böhni heiraten, um ihre Ehre zu retten. Eine darauffolgende Auseinandersetzung zwischen Nettchen und ihrem Vater kann durch den von Nettchen beauftragten Anwalt geschlichtet werden. Dieser fordert zunächst Strapinski und Böhni auf, sich aus der Diskussion herauszuhalten, und mahnt Nettchen und ihren Vater zur Ruhe. Dann bringt er die Seldwyler auf die Seite des Liebespaares, indem er beiläufig ein Vermögen erwähnt, dass durch die beiden nach Seldwyla käme. Das Gerücht, Nettchen solle mit Gewalt nach Goldach zurückgebracht werden, veranlasst die Seldwyler, dies durch bewaffnete Wachen vor den entsprechenden Gasthäusern zu verhindern.

Strapinski wird von einem Anwalt entlastet

Auch der Amtsrat rüstet auf und fordert aus Goldach Polizeischutz an. Die juristische Klärung ergibt schließlich, dass die Hochzeit zwischen Nettchen und Strapinski nicht verhindert werden kann, da Nettchen volljährig ist. Die einzige Möglichkeit, gegen ihre Entscheidung vorzugehen, besteht in der Prüfung Strapinskis selbst. Da dieser aber, wie der Anwalt nachweisen kann, sich niemals vorher etwas hat zuschulden kommen lassen, überall einen guten Ruf genießt und selbst niemals vorgegeben hat, ein Graf zu sein, sondern dieser Zuschreibung lediglich nicht widersprochen hat, können gegen ihn keine juristischen Schritte eingeleitet werden.

Existenzgründung in Seldwyla und Rückkehr nach Goldach

Nettchen und Strapinski ziehen nach Seldwyla und kommen dort durch Fleiß, Sparsamkeit und Geschäftssinn zu einem ansehnlichen Vermögen, wenngleich die Seldwyler über den Schneider behaupten, er presse ihnen das Blut unter den Nägeln hervor (vgl. K 48.15 f. /

R 57.31–33). Mit einer großen Familie ziehen sie schließlich nach zehn oder zwölf Jahren wieder nach Goldach zurück, nachdem sich Strapinski mit Nettchens Vater versöhnt hat. In Seldwyla lassen sie „aus Undank oder aus Rache“ (K 48.25 f. / R 58.10) nichts zurück. In Goldach werden sie zu angesehenen Bürgern.

Personen

Wenzel Strapinski

Ein ambivalenter Charakter	
	→ Strapinski ist eitel, setzt seine Wirkung aber nicht strategisch ein. → Seine Schüchternheit reicht von sympathischer Zurückhaltung bis zu Willenlosigkeit und macht ihn einerseits für Nettchen attraktiv, andererseits verhindert sie die Aufklärung des Missverständnisses. → Strapinski ist naiv und verdrängt die Konsequenzen seines Handelns, erfährt aber im Verlauf seiner weiteren Biografie eine Wandlung vom Träumer zum Geschäftsmann.

Eigenheiten und Unzulänglichkeiten bedingen den Irrtum der Goldacher

Der Erzähler schildert die Person Wenzel Strapinski tendenziell positiv. Doch eine Reihe charakterlicher Eigenheiten und Unzulänglichkeiten trägt maßgeblich dazu bei, dass der Irrglaube der Goldacher, Strapinski sei ein Graf, nicht korrigiert wird und sich der Schneider schließlich selbst in ein Netz aus Lügen verstrickt. Für ihn spricht aber die Tatsache, dass er sich in der Vergangenheit nie etwas hat zuschulden kommen lassen und dass seine mehr oder minder bewusste Entscheidung, die Rolle des Grafen anzunehmen und schließlich auch aktiv zu spielen, nicht etwa auf ein oberflächliches Geltungsbedürfnis zurückzuführen ist, sondern auf den Umstand, dass er sich in Nettchen verliebt hat.

Eine ungewöhnliche Erscheinung

Ursprung der Eitelkeit

Strapinskis Eitelkeit, die ihm zu seinem Aussehen und damit auch zu seinem Status als Graf „verhilft“, ist vermutlich ein in der Kindheit erworbener und später von ihm selbst gepflegter Charakterzug. Bereits seine Mutter legte nach Aussage des Schneiders großen Wert auf ein gepflegtes Äußeres – nicht zuletzt in der Hoffnung, damit ihren sozialen und wirtschaftlichen Stand irgendwann anzuheben (vgl. K 40.17–23 7 R 48.8–15).

Diese Art, sich zu kleiden und sich zu pflegen, hat der Schneider nie abgelegt. Anders als bei Menschen, deren Eitelkeit mit Arroganz oder Hochstapelei einhergeht, ist dem Schneider seine Wirkung vermutlich nur bedingt bewusst:

> „Solcher Habitus war ihm zum Bedürfnis geworden, ohne dass er etwas Schlimmes oder Betrügerisches dabei im Schilde führte; vielmehr war er zufrieden, wenn man ihn nur gewähren und im Stillen seine Arbeit verrichten ließ; aber lieber wäre er verhungert, als dass er sich von seinem Radmantel und von seiner polnischen Pelzmütze getrennt hätte, die er ebenfalls mit großem Anstand zu tragen wusste." (K 3.21–27 / R 3.25–32)

Gutwillige Eitelkeit

Weiter meint der Erzähler zu Strapinskis Wirkung, dass dieser nur in größeren Städten arbeiten könne, wo sein Äußeres nicht allzu sehr auffällt. Damit führt er die Möglichkeit ins Feld, dass Strapinski sich durchaus der Konsequenzen seiner Eitelkeit bewusst ist. Offenbar ist er aber auch bereit, diese zu tragen, denn während der Wanderschaft und zu Zeiten der Arbeitssuche muss er Not leiden, da es bei seiner gepflegten äußeren Erscheinung nicht infrage kommt, Almosen zu empfangen. Die Tatsache, dass der Schneider sich auch in Zeiten der Not nicht anders kleidet, um nicht den Anschein der Bedürftigkeit zu wecken, zeigt, dass die Aussage, der „Habitus" sei ihm zum Bedürfnis geworden (vgl. K 3.21 / R 3.25), ernst genommen werden muss. Gleichzeitig verdeutlicht sie aber auch, dass der Schneider seine Wirkung auf andere weder in die eine noch in die andere Richtung strategisch einsetzt.

Ein schüchterner Gast

Strapinski: schüchtern, eitel und verträumt

Drei Charaktereigenschaften des Schneiders begünstigen seine Unfähigkeit, zur Aufklärung des Missverständnisses beizutragen, das durch seine Ankunft in dem Wagen und die voreilige, sich mehr und mehr verfestigende Interpretation der Goldacher entstanden ist: seine Schüchternheit, seine Eitelkeit und sein verträumtes Wesen. Die Schüchternheit, die dem Schneider vom Erzähler in zugespitzter Form auch als Schwäche oder Willenlosigkeit ausgelegt wird, verhindert des Öfteren, dass er dem Verwechslungsspiel Einhalt gebietet. Auch Wortverbindungen mit dem in heutiger Zeit irreführenden Wortbestandteil „blöde" bedeuten in der Zeit Gottfried Kellers neben unserer heute gängigen Bedeutung von ‚dumm' auch ‚schüchtern'. Dieser Charakterzug macht sich schon bei der Ankunft des Schneiders bemerkbar:

Die Interpretation der Goldacher

> „Da stürzten Wirt und Leute herunter und rissen den Schlag auf; Kinder und Nachbarn umringten schon den prächtigen Wagen, neugierig, welch ein Kern sich aus so unerhörter Schale enthülsen werde, und als der verdutzte Schneider endlich hervorsprang in seinem Mantel, blass und schön und schwermütig zur Erde blickend, schien er ihnen wenigstens ein geheimnisvoller Prinz oder Grafensohn zu sein." (K 4.22–28 / R 4.34–5.7)

Während der Schneider völlig verdutzt noch nicht ahnt, dass die Goldacher ihn aufgrund des Wagens mindestens für einen fremden Grafen halten und ihn mit ehrerbietigem Nachdruck in den Gasthof befördern, gelingt es ihm nicht, sich aus dieser Lage zu befreien:

> „Mochte es nun der Mangel an Geistesgegenwart oder an Mut sein, den Haufen zu durchbrechen und einfach seines Weges zu gehen – er tat dieses nicht, sondern ließ sich willenlos in das Haus und die Treppe hinangeleiten und bemerkte seine neue seltsame Lage erst recht, als er sich in einen wohnlichen Speisesaal versetzt sah und ihm sein ehrwürdiger Mantel dienstfertig abgenommen wurde." (K 4.30–5.1 / R 5.10–18)

Strapinski: ein grundsätzlich aufrichtiger Charakter

Daran ändert auch die Angst des Schneiders nichts, die zeigt, dass er die Verwechslung keineswegs genießt, geschweige denn beabsichtigt hat. Die Tatsache, dass er sich trotz seines Hungers nach einem Ausweg umsieht und versucht, diesen stillschweigend einzuschlagen, stützt die grundsätzliche Einschätzung und Darstellung des Erzählers, dass es sich bei Strapinski nicht um einen notorischen Betrüger handelt (vgl. K 6.27–34 / R 7.20–26).

Die Situation spitzt sich zu, als Strapinskis Schüchternheit sogar so weit geht, dass er die Erwartungshaltung der Bediensteten im Gasthof erfüllt: Nachdem er sich im Treppenhaus verirrt hat, wird ihm von einem Kellner, der annimmt, dass Strapinski die Toilette habe aufsuchen wollen, sogleich der Weg dorthin gewiesen. Statt sich um Aufklärung zu bemühen, schließt sich der Schneider nun für kurze Zeit in der Toilette ein. An dieser Stelle bewertet der Erzähler zum ersten Mal die Schüchternheit des Schneiders moralisch. Allerdings relativiert er sein moralisches Werturteil durch eine ironische Übertreibung. Daraus folgt, dass er den Schneider nicht so streng bewertet, wie es zunächst den Anschein hat. Mit dem „abschüssigen Weg des Bösen“ deutet er aber an, dass die Handlungsweise des Schneiders etwas auf einem abschüssigen, d. h. bergab führenden Weg ins Rollen bringt, das nur mit aktivem Zutun zu stoppen ist:

Moralische Bewertung und ironische Übertreibung

> „Doch verwickelte er sich jetzt in die erste selbsttätige Lüge, weil er in dem verschlossenen Raume ein wenig verweilte, und er betrat hiermit den abschüssigen Weg des Bösen.“ (K 7.12–14 / R 8.10–13)

Ein weiteres eindrucksvolles Beispiel für die geradezu unterwürfige Schüchternheit des Schneiders liefert die Situation, in der ihm der Wein serviert wird. Während der Schneider es nicht wagt, einen Wein zu trinken, den er nicht bezahlen kann, interpretiert der Wirt die Zögerlichkeit als Ablehnung. Auf die Frage, ob der Herr nicht lieber den guten Bordeaux statt des Tischweins trinken wolle (vgl. K 8.14 f. / R 9.21–23), antwortet Strapinski – so der Erzähler – aus Gehorsam mit Ja. Erst der Wein bewirkt, dass Strapinski seine Schüchternheit verliert und schließlich auch seinen Hunger stillt.

Ein naiver Träumer

Während Strapinskis Schüchternheit ihm erhalten bleibt, sind es ab der Begegnung mit Nettchen eher seine Verträumtheit und Naivität, die mit dazu beitragen, dass die Geschichte den vom Erzähler immer wieder angedeuteten Verlauf nimmt. Die Begegnung mit Nettchen und seine Gefühle für sie, deren sich der Schneider erst recht spät bewusst wird, veranlassen ihn, zu bleiben und das Rollenspiel aktiv mitzuspielen. Mit der Formulierung „Nun war der Geist in ihn gefahren“ (K 22.22 / R 26.27) zeigt der Erzähler einerseits, dass Strapinski nun einen Sinneswandel vom Schneider zum Grafen vollzogen und damit auch seine innere Haltung geändert hat. Andererseits legt die Wortwahl „Geist“ nahe,

Fremdsteuerung Strapinskis

dass diese innere Wandlung bis zu einem gewissen Grad fremdgesteuert ist. Die innere Zerrissenheit des Schneiders – wohl fühlt er sich in seiner Haut nicht – zeigt sich an den vielen schlaflosen Nächten. Offenbar leidet er zumindest unbewusst an einem schlechten Gewissen, was beweist, dass es sich bei Strapinski nicht um einen gewohnheitsmäßigen Betrüger handelt.

Strapinskis Naivität als Bedingung für den Fortgang der Geschichte

Allein seine Naivität und die Hoffnung, das Schicksal würde ihm in welcher Form auch immer aus der Patsche helfen, führen dazu, dass er die logischen Konsequenzen – eine Entlarvung oder ein Geständnis wäre im Falle einer Hochzeit unumgänglich – offensichtlich verdrängt. Erst gegen Ende setzt sich Strapinski auf Nettchens Drängen hin mit der Frage, wie es hätte weitergehen sollen, auseinander. Seine Antwort offenbart, dass es ihm in Hinblick auf eine realistische Einschätzung der Situation an jeglicher Bodenständigkeit fehlt:

> „Sie fuhr vielmehr fort zu fragen: ‚Und wohin gedachten Sie mit mir zu gehen und was zu beginnen?'
> ‚Ich weiß es kaum', erwiderte er; ‚ich hoffte auf weitere merkwürdige oder glückliche Dinge; auch gedachte ich zuweilen des Todes in der Art, dass ich mir denselben geben wolle, nachdem ich – '" (K 39.13–18 / R 46.31–47.2)

Ein Romantiker

Die ambivalente Wirkung der Schüchternheit und Naivität

Es sind aber gerade auch die genannten Eigenschaften, die Strapinski einerseits in Schwierigkeiten bringen, ihn andererseits aber für Nettchen besonders attraktiv machen:

> „Doch schadete ihm seine Blödigkeit und übergroße Ehrerbietung nichts bei der Dame; im Gegenteil, die Schüchternheit, Demut und Ehrerbietung eines so vornehmen und interessanten jungen Edelmanns erschien ihr wahrhaft rührend, ja hinreißend. Da sieht man, fuhr es ihr durch den Sinn, je nobler, desto bescheidener und unverdorbener; merkt es euch, ihr Herren Wildfänge von Goldach, die ihr vor jungen Mädchen kaum mehr den Hut berührt!" (K 16.8–15 / R 18.35–19.9)

Allerdings wirkt Strapinski mit seinem zurückhaltenden Wesen nur attraktiv auf Nettchen vor dem Hintergrund der Annahme, dass er ein Adliger ist. Denn wirtschaftlicher Erfolg allein ist für Nettchen bei der Partnerwahl nicht relevant, wie aus ihrem Verhältnis zu Melchior Böhni deutlich wird.

Die positive Wirkung auf Nettchen nur aufgrund unzutreffender Vermutungen

Ein Geschäftsmann an Nettchens Seite

Was den weiteren Fortgang der Beziehung zwischen Nettchen und Strapinski betrifft, können sich die Leserinnen und Leser kein eigenes Bild mehr machen, da diese Phase im Leben des Paares lediglich durch den Erzähler zusammengefasst, aber nicht anhand konkreter Situationen veranschaulicht wird. Verlässt man sich aber auf die Aussagen des Erzählers, so wandelt sich Strapinski im Laufe seines weiteren gemeinsamen Lebens mit Nettchen.

Nachdem Nettchen die wegweisenden Entscheidungen getroffen hat – das Erbe ihrer Mutter investiert sie in das Geschäft Strapinskis in Seldwyla –, legt der Schneider seine zumindest äußerliche Verträumtheit beinahe ab: „Dabei wurde er rund und stattlich und sah beinah gar nicht mehr träumerisch aus" (K 48.17 f. / R 57.34 f.). Seine Naivität weicht einer Geschäftstüchtigkeit, die, gepaart mit Fleiß, Bescheidenheit und Sparsamkeit, der mittlerweile großen Familie zu einem gewissen Vermögen verhilft.

Nettchen trifft die wegweisenden Entscheidungen

Das Ende schließt in gewisser Weise an den Anfang seiner Biografie an. Während es zu Beginn die unbedingte Liebe zu seiner Mutter und die Bereitschaft, andere für sich entscheiden zu lassen, waren, die ihn in die Armut getrieben und zum Schneiderhandwerk gebracht haben, sind es hier dieselben Mechanismen, die ihm familiäres und berufliches Glück bescheren. Kern ist also immer Strapinskis Bereitschaft, sich leiten zu lassen, wobei seine eigene Motivation dabei das Bedürfnis nach Liebe ist (vgl. Rothenbühler 2012, S. 61).

Strapinskis Bereitschaft zur Unterordnung in unterschiedlichen Kontexten

Nettchen

Die Wandlung Nettchens im Laufe der Erzählung	→ Nettchen ist eine typische Kleinstädterin mit romantischen Sehnsüchten. → Sie verliert jedoch zu keiner Zeit ihre Bodenständigkeit. → In Konfliktsituationen beweist sie Geistesgegenwart und Handlungsfähigkeit. → Sie entwickelt eigene weltanschauliche Gedankengänge.

Nettchen: Tochter aus wohlhabendem bürgerlichem Haus

Die Tochter des Amtsrats ist wie Strapinski auch eine Halbwaise. Anders als er stammt sie aber aus wohlhabendem Hause und kann in finanzieller Hinsicht ein sorgenfreies Leben führen. Die für die damalige Zeit verhältnismäßig liberale Haltung ihres Vaters – er akzeptiert zunächst, dass sie Melchior Böhni nicht heiraten möchte, obwohl dies ganz im Sinne des Vaters gewesen wäre (vgl. K 25.30–35 / R 30.24–30) – ermöglicht ihr die Entfaltung ihrer Persönlichkeit im Rahmen der kleinstädtischen Gesellschaft.

Eigensinn und Anspruch

Nettchen wird als äußerlich ansprechende junge Frau beschrieben, die einen ausgeprägten Hang zu modischer Kleidung hat (vgl. K 15.31–33 / R 18.23–25). Auf gutes Benehmen legt sie nicht weniger Wert als auf ein gepflegtes Äußeres, sodass sie sich noch in keinen der durchaus heiratswilligen Goldacher verliebt hat. Diese verhalten sich Nettchens Auffassung nach einer jungen Frau gegenüber nicht zuvorkommend genug (vgl. K 16.12–15 / R 19.5–9). In Strapinskis Verhalten findet Nettchen dagegen ihre Ansprüche erfüllt. Der Erzähler kommentiert dies ironisierend, indem er Begriffe aus dem höfischen Umfeld benutzt und diese ausdrücklich in den kleinstädtischen Kontext überträgt:

> „Sie grüßte den Ritter daher auf das Holdseligste, indem sie auch lieblich errötete, und sprach sogleich hastig und schnell und vieles mit ihm, wie es die Art behaglicher Kleinstädterinnen ist, die sich den Fremden zeigen wollen." (K 16.16–19 / R 19.10–14)

Damit zeigt er, dass alles Fremde und edel Wirkende auf die Kleinstädterin Nettchen eine gewisse Faszination ausübt. Ihr Vater bestätigt dies schließlich, als er behauptet, sie habe schon als Kind von einem Italiener, einem Pianisten, einem Räuberhauptmann oder Polen geträumt (vgl. K 25.27–30 / R 30.20–24). Dass es Nettchen dabei weniger um den sozialen Status als um die romantische Vorstellung, mit einer ganz außergewöhnlichen Person liiert zu sein, geht, beweist die skurrile Mischung möglicher Heiratskandidaten.

Nettchens Hang zum Abenteuer

Nettchen, die die Sicherheit der Kleinstadt durchaus zu schätzen weiß, sehnt sich dennoch nach dem Fremden, Abenteuerlichen. Dass es sich dabei allerdings wohl eher um romantische Schwärmerei handelt, zeigt das Ende der Erzählung: Nettchen überredet ihren Ehemann geradezu zu einer bodenständigen bürgerlichen Existenz (vgl. K 43.30–32 / R 52.13–16). Dabei ist sie keineswegs romantisch verklärt. Im Gegenteil: Gerade in Situationen, die schnelles und gezieltes Handeln erfordern, oder im Konfliktfall erweist sie sich als geistesgegenwärtig und tatkräftig. Sie ist es, die eine Beziehung zu Strapinski durch ihre beherzte Umarmung überhaupt erst ermöglicht (vgl. K 25.13 / R 30.2 f.). Sie nimmt also sprichwörtlich wie bildlich die Zügel in die Hand. Nachdem Strapinski in Verzweiflung die Verlobungsfeier verlassen hat, sucht sie ihn mit untrüglicher Intuition und rettet ihn vor dem Erfrieren. Und schließlich gibt sie auch in der Ehe mit Strapinski in den relevanten Lebensentscheidungen den Ton an. Entsprechend den damaligen Rollenklischees verhält sich Nettchen also eher männlich. Ihr Verhalten ist allerdings mit großem Einfühlungsvermögen und Gefühlssicherheit gepaart (vgl. Rothenbühler 2012, S. 63).

Nettchens Geistesgegenwart und Tatkraft in Konfliktsituationen

Nettchens Entwicklung

Echten Tiefgang erhält sie an einem markanten Punkt der Erzählung. Nettchen, die bis zu ihrer Verlobungsfeier großen Wert auf Außenwirkung gelegt hat, beginnt auf dem Weg zu Strapinski über die Gründe des Glücks nachzudenken. Sie kommt zu dem Schluss, dass die Fehlannahme, Strapinski sei ein Graf, und die aus der Entlarvung resultierende Schmach nicht über das Glück entscheiden dürfen. Dann geht sie mit sich selbst insofern ins Gericht, als dass sie ihre eigene Verantwortung an der Täuschung mit in ihre Überlegungen einbezieht:

> „Was sind Glück und Leben! von was hangen sie ab? Was sind wir selbst, dass wir wegen einer lächerlichen Fastnachtslüge glücklich oder unglücklich werden? Was haben wir verschuldet, wenn wir durch eine fröhliche gläubige Zuneigung Schmach und Hoffnungslosigkeit einernten? Wer sendet uns solche einfältigen Truggestalten, die zerstörend in unser Schicksal eingreifen, während sie sich selbst daran auflösen wie schwache Seifenblasen?" (K 36.2–9 / R 42.32–43.6)

Nettchens Sinneswandel äußert sich hier auch sprachlich, denn Wortwahl und Satzbau sind wesentlich vielschichtiger als in ihren sonstigen Äußerungen. Sie offenbart zudem ihre Haltung zum Schicksal. Ihrer Auffassung nach scheint es so etwas wie ein Schicksal zu geben, nicht jedoch in dem Sinne, dass der Mensch diesem willenlos ausgeliefert ist. Die Truggestalten, die zerstörerisch in das Schicksal eingreifen, ohne selbst etwas darzustellen, möchte Nettchen abwehren. Vor dem Hintergrund ihrer Tatkraft und Entschlossenheit sind ihre philosophischen Überlegungen konsequent.

Vom verträumten Mädchen zur emanzipierten Frau

Nettchen entwickelt sich also im Laufe der Erzählung. Sie wächst insbesondere an der Situation der Entlarvung und trifft erstmals eine Entscheidung, deren Konsequenzen weitreichend sind. Dies tut sie selbstständig und gegen den ausdrücklichen Willen ihres Vaters, indem sie sogar vor juristischen Schritten nicht zurückscheut. Dieser – für damalige Verhältnisse – ausgeprägte Akt der Emanzipation ermöglicht es ihr schließlich, glücklich zu werden, sich mit ihrem Vater auszusöhnen und zu bürgerlichem Ansehen zu gelangen. Paradoxerweise setzt sie sich über die Erwartungen der Gesellschaft hinweg, um diese schließlich doch zu erfüllen.

Der Amtsrat

Liberaler und liebevoller Vater	
	→ Verwitweter Ehemann und treusorgender, am Glück seiner Tochter interessierter Vater → Orientierung an bürgerlichen Werten

Nettchens Vater, ein Beamter im gehobenen Dienst, ist verwitwet und zieht seine einzige Tochter alleine auf. Als Vater wirkt er für die damalige Zeit recht liberal und gesteht seiner Tochter viele Freiheiten zu. So kommentiert er zwar Nettchens Verhalten bei ihrer Partnerwahl und kommuniziert auch deutlich, dass ihre und seine Vorstellungen von einem guten Ehemann nicht übereinstimmen, übt jedoch keinen Zwang auf sie auf.

In Bezug auf den Korb, den Nettchen Melchior Böhni gegeben hat, sagt er, er habe den tüchtigen Melchior Böhni nach Hause schicken müssen, obwohl dieser sicher noch große Geschäfte machen werde, nur weil er ein rötliches Backenbärtchen trage und Tabak schnupfe (vgl. K 25.31–35 / R 30.26–30). Über Nettchens romantische Träumereien äußert er sich abfällig, indem er seine Tochter als törichtes, d. h. unvernünftiges Mädchen bezeichnet (vgl. K 25.26 / R 30.20).

Der Amtsrat will seine Tochter verheiratet wissen

Was er zunächst von der Beziehung zwischen Nettchen und Strapinski hält, bleibt unklar. Einerseits ist es ihm wichtig, dass Verlobung und Hochzeit bald stattfinden, sodass der Eindruck entsteht, er habe Angst, der Graf könne es sich noch einmal anders überlegen. Andererseits bleibt er der Verlobungsfeier fern. Dies legt die Vermutung nahe, dass er die Verbindung möglicherweise ablehnt. Die Behauptung, er sei durch ein plötzliches Ereignis verhindert (vgl. K 27.4 f. / R 32.7 f.), überzeugt nicht. Durch ihre Beiläufigkeit wirkt sie wie eine Ausrede.

Offenbar liebt der Amtsrat seine Tochter aber dennoch aufrichtig. Denn würde sie in Polen mit dem Grafen unglücklich werden, so nähme er sie sofort wieder bei sich auf (vgl. K 26.2 / R 30.33). Auch die Versöhnung nach dem heftigen Zerwürfnis durch die juristischen Streitigkeiten spricht dafür, dass der Amtsrat nicht auf Kosten des Verhältnisses zu seiner Tochter und deren Familie auf Prinzipien beharrt (vgl. K 48.19 f. / R 58.2 f.)

Melchior Böhni und die Abendherren

Die Sonderstellung Melchior Böhnis unter den Abendherren	
	→ Die Abendherren umgarnen den Schneider und buhlen um die Gunst des vermeintlichen Grafen. → Melchior Böhni unterscheidet sich von ihnen durch seinen Scharfsinn. → Zunächst beobachtet er den Lauf der Dinge und freut sich heimlich auf einen neuen Goldacher Putsch. → Von Eifersucht angetrieben greift er später aktiv in das Geschehen ein und fördert die Wahrheit zutage. → Für sein selbstsüchtiges Verhalten wird er durch Nettchens Nichtbeachtung und die Hochzeit zwischen Nettchen und Strapinski indirekt bestraft.

Die Abendherren: wohlhabend, angesehen, aber nicht weltläufig

Die Abendherren, zu denen Melchior Böhni gehört, sind allesamt angesehene und wohlhabende Bürger in Goldach. Sie können als Botschafter der Goldacher Geisteshaltung gelten, denn sie repräsentieren den Typ Bürger, der sich in seinem Leben eingerichtet hat und nicht das Bedürfnis besitzt, über den Tellerrand hinauszublicken.

Die Sonderrolle Melchior Böhnis: klug und vorausschauend

Anders als der Stadtschreiber, der Notar, Häberlin und Pütschli-Nievergelt sticht Melchior Böhni durch seine Klugheit und Beobachtungsgabe hervor. Während den anderen eher die Rolle von Statisten innerhalb der Erzählung zukommt und sie den Typus von Kleinstadt-Großbürger repräsentieren, der sich gerne an Höhergestellten orientiert, um seinen Vorteil daraus zu ziehen, ist Böhni maßgeblich an der Entlarvung des Schneiders beteiligt.

Dieses ungleiche Verhältnis kündigt sich bereits zu Beginn der Erzählung an: Während die Abendherren den vermeintlichen Grafen umgarnen und sich anbiedern, indem sie mit allerhand internationalen Zigarren aufwarten und schließlich sogar sein verloren geglaubtes Gepäck ersetzen, betrachtet Böhni den vermeintlichen Grafen mit kritischer Distanz. Zunächst freut er sich über die Geschichte, die mit dessen Ankunft ihren Lauf zu nehmen scheint:

> „Nur Melcher Böhni, der Buchhalter, als ein geborener Zweifler, rieb sich vergnügt die Hände und sagte zu sich selbst: Ich sehe es kommen, dass es wieder einen Goldacher Putsch gibt,

> ja, er ist gewissermaßen schon da! Es war aber auch Zeit, denn schon sind's zwei Jahre seit dem letzten! Der Mann dort hat mir so wunderlich zerstochene Finger, vielleicht von Praga oder Ostrolenka her! Nun, ich werde mich hüten den Verlauf zu stören!" (K 14.6–12 / R 16.20–28)

Schließlich ist er aber sicher und denkt: „Den Teufel fährt der einen vierspännigen Wagen!" (K 15.5 f. / R 17.25 f.)

Noch plant Melchior Böhni nicht, aktiv in den Verlauf des Geschehens einzugreifen, da er ebenso richtig beobachtet, dass Strapinski kein gieriger Hochstapler ist (vgl. K 15.7–10 / R 17.27 f.). Vielmehr weiß er um die Eigenheiten der kleinstädtischen Mentalität und freut sich darauf, diese vorgeführt zu sehen. Als Strapinski allerdings Nettchen für sich gewinnen kann, plant Böhni seinen Coup. Er ist von missgünstiger Eifersucht angetrieben, denn er hätte Nettchen gerne geheiratet, hat aber von ihr eine Absage erhalten. Daher muss an dieser Stelle eine Neubewertung der Figur erfolgen. Währen Melchior Böhni zu Beginn aufgrund seiner Scharfsinnigkeit durchaus sympathisch wirkt, wandelt er sich im Laufe der Erzählung zu einem in seiner Eitelkeit tief verletzten Egomanen, der einem anderen nicht gönnt, was er selbst nicht haben kann. Entsprechend ist auch seine Vorfreude:

Neubewertung Böhnis: eifersüchtig, verletzt und missgünstig

> „Im Teiche Bethesda, welcher als bescheidener Einspänner den Zug schloss, kutschierte Melchior Böhni still und vergnügt. Als Galion seines Fahrzeugs hatte er das Bild jenes jüdischen Männchens vor sich, welcher an besagten Teiche dreißig Jahre auf sein Heil gewartet." (K 27.18–22 / R 32.23–29)

Die Galionsfigur seines Schlittens lässt aber vermuten, dass Melchior Böhni nicht nur dem Schneider schaden will, sondern Nutzen für sich aus der Situation ziehen möchte. Dies bestätigt sich im weiteren Verlauf der Ereignisse, da er sich schließlich anbietet, Nettchen zu begleiten, um sich als ihr Retter und Tröster zu inszenieren, nachdem Strapinski den Saal verlassen hat (vgl. K 34.26–32 / R 41.12–19). Die Strafe für sein selbstsüchtiges Verhalten folgt aber auf dem Fuße: Nettchen quittiert seinen Annährungsversuch mit Nichtbeachtung,

Melchior Böhni: ein verschmähter Heiratskandidat

lässt den nun unachtsamen Böhni, der sich seiner Sache allzu sicher geworden ist, stehen und widmet sich der Suche nach dem Schneider.

Der Wirt

Rechtschaffenheit und Misstrauen: Ein bedeutungsvoller Widerspruch	➟ Der Wirt gibt vor, ehrlich zu sein, stimmt aber einem Betrug zu, um diesen Schein aufrechtzuerhalten. ➟ Er zeigt sich misstrauisch gegenüber seinen Angestellten, obwohl er die Goldacher als rechtschaffen bezeichnet. ➟ Der Widerspruch verrät, dass der Wirt von der Rechtschaffenheit nicht überzeugt ist.

Der Wirt gibt durch sein paradoxes Verhalten den Leserinnen und Lesern Hinweise, wie die Vorgänge im Wirtshaus stellvertretend für die Vorgänge in Goldach zu deuten sind. Einerseits betont er seine Rechtschaffenheit, als die Köchin die Pastete für die Abendherren strecken will:

> „Köchin, ich habe Euch schon einmal gesagt, dass dergleichen in dieser Stadt und in diesem Hause nicht angeht! Wir leben hier solid und ehrenfest und vermögen es!" (K 5.24–27 / R 6.11–15)

Der nicht ganz ehrliche Wirt

Andererseits stimmt er dem Betrug stillschweigend zu, wenn es darum geht, die „standesgemäße" Bewirtung zu bieten, auf die sich die Abendherren verlassen. Offensichtlich spielt hier auch die Konkurrenz eine Rolle, in der der Wirt zur Nachbarstadt Seldwyla steht. Nur scheinbar geht es ihm um die Rechtschaffenheit, tatsächlich definiert er sich aber selbst darüber, besser zu sein als die Konkurrenz. Mit folgenden Worten grenzt er sich von den Seldwylern ab:

> „Tut nichts, es ist um die Ehre! Das bringt mich nicht um; dafür soll ein großer Herr, wenn er durch unsere Stadt reist, sagen können, er habe ein ordentliches Essen gefunden, obgleich er ganz unerwartet und im Winter gekommen sei! Es soll nicht heißen wie von den Wirten zu Seldwyl, die alles Gute selber fressen und den Fremden die Knochen vorsetzen! Also frisch, munter, sputet Euch allerseits!" (K 6.20–26 / R 7.12–19)

Sein ausgeprägtes Misstrauen zeigt jedoch, dass er weiß, dass es in seiner Stadt längst nicht so ehrlich und rechtschaffen zugeht, wie er behauptet. Das gesteht er zwar nicht offen ein, doch der Irrwitz seiner Begründung, als die Köchin von ihm den Schlüssel zur Speisekammer haben möchte, lässt vermuten, dass dieses Argument nur vorgeschoben ist: Er behauptet nämlich, er habe seiner Frau auf dem Totenbett versprochen, den Schlüssel niemals aus der Hand zu geben (vgl. K 6.9–11 / R 6.35–7.2). Die Figur des Wirtes veranschaulicht, dass die Außenwirkung eine wesentliche Triebfeder des moralischen wie amoralischen Handelns ist.

Misstrauen gegenüber der Köchin

Der Autor

Zürich als Lebensmittelpunkt

Das Leben Gottfried Kellers ist einerseits gut dokumentiert durch Selbstzeugnisse wie z.B. Briefe und Fremdzeugnisse wie zeitgenössische Berichte. Andererseits wird die Auseinandersetzung mit Kellers Biografie dadurch erschwert, dass ihr der rote Faden sowie außergewöhnliche Begegnungen fehlen. Keller ist, für damalige Verhältnisse recht spät, als Zwanzigjähriger von zu Hause ausgezogen, kehrte nach drei Jahren wieder zurück und verließ sein Elternhaus erst wieder im Alter von 29. Immer wieder orientierte er sich zurück nach Zürich und verbrachte dort, abgesehen von kleineren Reisen, die gesamte zweite Hälfte seines Lebens.

Gottfried Keller: Leben und Werk

- Geboren am 19. Juli 1819 in Zürich
- Tod des Vaters am 12. August 1824
- Weiterführung des Handwerksbetriebs durch die Mutter, später Aufgabe des Geschäfts
- 1825–1831: Besuch der Armenschule
- 1831: Besuch des Landesknabeninstituts
- 1833: Besuch der Industrieschule
- 1834: Verweis von der Industrieschule wegen Mitwirkung an einer Demonstration
- 1834–1838: Ausbildung als Kunstmaler bei Peter Steiger und Rudolf Meyer
- 1840–1842: Aufenthalt in München
- 1843: Beginn der schriftstellerischen Tätigkeit
- 1847: Volontariat in der Staatskanzlei; Keller erhält ein Stipendium und reist nach Heidelberg.
- ab 1850 literarisches Schaffen in Berlin
- 1855 Rückkehr nach Zürich zu seiner Mutter
- 1861: Wahl zum Staatsschreiber des Kantons Zürich
- 1864: Tod der Mutter
- 1866: Verlobung mit der Pianistin Luise Scheidegger
- Juli 1866: Freitod Luise Scheideggers
- 1869: Ehrendoktorwürde der Universität Zürich
- 1875: Erneuter Umzug nach Enge; Niederlegung seines Amtes als Staatsschreiber zugunsten der schriftstellerischen Tätigkeit
- 1882: Umzug nach Thaleck; zunehmende Vereinsamung und Abnahme der literarischen Produktivität
- 15. Juli 1890: Tod Gottfried Kellers

Gottfried Keller wurde am 19. Juli 1819 Zürich geboren. Seine Eltern stammten beide aus Glattfelden (Kanton Zürich). Die Vorfahren des Vaters waren Bauern und Handwerker, der Vater selbst war ausgebildeter Drechsler und während der Freiheitskriege auf Wanderschaft. Während dieser Zeit in der Fremde hat er sich eine gewisse Weltläufigkeit und Gewandtheit angeeignet.

Kellers Vater: tüchtig und weltläufig

Der tüchtige und fantasievolle Vater hielt nach seiner Rückkehr um die Hand der bodenständigen und sparsamen Tochter des Dorfarztes, Elisabeth Scheuchzer, an. Aus dieser Ehe resultierten innerhalb kurzer Zeit sechs Kinder, von denen aber nur Gottfried und seine Schwester Regula überlebten. Als Gottfried Keller fünf Jahre alt war, starb der Vater. Die Mutter war zunächst mit der Weiterführung des Betriebs, den sie später aber aufgab, beschäftigt und hatte nur wenig Zeit, sich mit ihren Kindern auseinanderzusetzen. Gottfried Keller hatte zwar keine harte Kindheit, wuchs aber recht unbehütet und illusionslos auf und sah sich schon früh mit der Gewöhnlichkeit der Erwachsenenwelt konfrontiert.

Illusionslose Kindheit

Ab 1831 besuchte Keller eine weiterführende Schule, das Landknabeninstitut. Die Ausbildung richtete sich dabei eher an zukünftige Kaufleute oder Handwerker, ein Studium war seitens der Ausbildungsstätte wie auch seitens des familiären Umfeldes für Keller nicht vorgesehen. In seiner neuen Umgebung fühlte er sich vor allem deshalb gesellschaftlich unterlegen, da seine Mitschüler in erster Linie Angehörige des Bürgerstandes waren. Auch das Lernen schien ihm daher nicht mehr leicht zu fallen. Eine Ausnahme bildete der Sprachunterricht.

Ab 1833 besuchte Keller die Industrieschule. Mit einem Mal ging es mit seinen Schulleistungen aufwärts. Am 5. Juli 1834 wurde er jedoch der Schule verwiesen: Die dritte Klasse – Keller besuchte zu diesem Zeitpunkt die zweite Klasse – demonstrierte gegen den Mathematiklehrer, indem sie gemeinsam die Schreibhefte bei ihm zu Hause abholen wollte. Keller, der der Gruppe zufällig begegnete, wurde aufgefordert, an der Demonstration teilzunehmen. Er formierte den Zug neu und musste sich anschließend als Rädelsführer verantworten. Den nachfolgenden Sommer verbrachte er bei seinem Onkel mütterlicherseits. Nach eigener Aussage fand er es dort – bei seiner Verwandtschaft auf dem Dorf – langweilig.

Ausbildung zum Kunstmaler

Im Herbst des Jahres 1834 begann Keller eine Ausbildung als Kunstmaler bei Peter Steiger und erwies sich als durchaus begabt und gelehrig. Dennoch hat er seine Erfüllung als Kunstmaler nicht gefunden, sondern verbrachte die meiste Zeit mit der Lektüre literarischer Werke. Ab 1837 nahm Keller Unterricht bei dem Maler Rudolf Meyer, im Frühjahr 1838 verließ dieser jedoch Zürich plötzlich.

Beginn der Schriftstellerkarriere

1840 verlässt Keller Zürich erstmals, geht zur weiteren Ausbildung nach München, verlebt dort zunächst mit anderen Künstlern und Studenten eine glückliche Zeit, muss aber aufgrund fehlender finanzieller Mittel seine Zelte abbrechen. 1842 kehrt er nach Zürich zurück. 1843 beginnt Kellers eigentliche Zeit als Dichter.

Revolutionäre Ambitionen

Politisch engagiert er sich in dieser Zeit bei den Freischärlerzügen, einer revolutionären Bewegung, die die konservative Regierung Luzerns stürzen und die Jesuiten vertreiben wollte. Beide Versuche des Umsturzes scheiterten.

Gescheiterte Liebesbeziehungen

Im Winter 1845/46 verliebt er sich in Marie Melos, gesteht ihr jedoch niemals seine Liebe und verfällt daraufhin in eine Depression. Diese Phase hinterlässt auch literarische Spuren. Neben einem zeitweiligen Lotterleben – Keller treibt sich in Gasthäusern herum und prügelt sich – entsteht der Gedicht-Zyklus *Gedanken eines Lebendig-Begrabenen.* Im Jahr 1847 verliebt sich Keller erneut, findet aber auch hier kein dauerhaftes Glück, da Luise Rieter nach Winterthur zurückkehrt.

Keller absolviert 1847 zeitweise ein Volontariat in der Staatskanzlei und erhält 1848 von der Regierung ein Stipendium. Im selben Jahr reist er nach Heidelberg und unterhält im Jahr 1849 eine Freundschaft mit Hermann Hettner, einem Literatur- und Kunsthistoriker, und Ludwig Feuerbach, einem Philosophen und Religionskritiker. Im gleichen Jahr erlebt Keller eine weitere Enttäuschung. Johanna Kapp, in die er sich verliebt hat, gesteht er seine Liebe, diese empfindet aber lediglich Freundschaft für ihn.

Erste Veröffentlichung

Ab 1850 hält sich Keller in Berlin auf, wo der erste Band des Erzählzyklus *Die Leute von Seldwyla* erscheint. In Berlin verliebt sich Keller in Betty Tendering. Auch diese Liebe bleibt unerwidert. Im November des Jahres 1855 verlässt Keller Berlin und kehrt nach Zürich zurück.

Sechs Jahre lang lebt Keller nun bei seiner Mutter in Hottingen, einem Stadtteil Zürichs, bis er 1861 als erster Staatsschreiber des Kantons Zürich in der Staatskanzlei eine Wohnung bezieht. Keller ist weiterhin schriftstellerisch aktiv. So erscheint zum Beispiel im selben Jahr die Erzählung *Das Fähnlein der sieben Aufrechten.* Aus der Zeit als Staatsschreiber stammt auch der zweite Teil des Novellenzyklus, zu dem die vorliegende Erzählung *Kleider machen Leute* gehört.

Erneute private Enttäuschung

Im Februar des Jahres 1864 stirbt Kellers Mutter, 1866 verlobt sich Keller mit Luise Scheidegger. Aber auch diese Liebe ist nicht von Dauer. Lange zögerte Luise Scheidegger, weil sie um Kellers unsteten Lebenswandel wusste. Schmähartikel über Keller, die sie zufällig zu Gesicht bekam, führten möglicherweise schließlich dazu, dass sie sich das Leben nahm.

1869 wird Keller von der Universität Zürich die Ehrendoktorwürde verliehen. 1875 zieht er nach Enge und legt im Juli desselben Jahres sein Amt nieder, um sich ganz dem Schreiben widmen zu können. In schriftstellerischer Hinsicht ist die kommende Zeit äußerst fruchtbar.

1882 zieht Keller erneut um, vereinsamt aber in Thaleck zunehmend und ist auch weit weniger produktiv. Am 15. Juli 1890 stirbt er.

Die Erzählform

Der Erzähler

Eine oft unterschätzte Figur	➟ Bei der Untersuchung der Rolle des Erzählers stehen die Analyse von Erzählform, Erzählperspektive und Erzählhaltung im Vordergrund. ➟ Der Erzähler darf nicht mit dem Autor oder der Autorin gleichgesetzt werden. ➟ Erzählform: Ich-Erzähler oder Er-/Sie-Erzähler ➟ Erzählperspektive: auktorial (allwissend), personal oder neutral ➟ Erzählhaltung: affirmativ (bejahend), ablehnend, ironisch

Der Erzähler ist eine oftmals unterschätzte, aber zentrale Figur in einem literarischen Werk. Durch ihn erfahren die Leserinnen und Leser die Geschichte. Indem er bestimmte Sachverhalte ausführlich darlegt oder verkürzt wiedergibt, indem er Dinge ausspart oder den Leserinnen und Lesern mehr oder weniger Interpretationsspielraum zugesteht, übt er zum Teil großen Einfluss aus. Häufig wird die Figur des Erzählers oder der Erzählerin mit dem Autor oder der Autorin verwechselt. Doch allein schon die Tatsache, dass beispielsweise eine Autorin einen männlichen Erzähler wählen oder ein unbescholtener Schriftsteller aus der Sicht eines Mörders schreiben kann, führt vor Augen, dass der Erzähler eine erfundene Figur wie jede andere auch ist. Daran ändert auch der Umstand nichts, dass gewisse Ähnlichkeiten bestehen können.

Erzählform und Erzählperspektive

Unterschieden werden Erzähler im Wesentlichen nach der Erzählform, der Erzählperspektive und der Erzählhaltung. In der Regel handelt es sich um einen Ich-Erzähler oder einen Er-/Sie-Erzähler. Der Ich-Erzähler tritt meist auch selbst als Protagonist oder Protagonistin, d. h. Hauptfigur, in der Erzählung auf.

Die Erzählperspektive

Die Erzählperspektive kann auktorial, personal oder neutral sein. Ein auktorialer (allwissender) Erzähler kennt die Gedanken, Handlungsmotivationen und Hintergründe der Figuren. Das bedeutet aber nicht, dass er sie immer preisgibt. Je nachdem, wie eingeschränkt oder uneingeschränkt die Perspektive des Erzählers ist, hat sie eine mehr oder weniger selektierende Wirkung auf das, was die Leserinnen und Leser erfahren. Der auktoriale Erzähler kann das Geschehen kommentieren und bewerten, Vorausdeutungen machen und Vergangenes berichten. Um von einem auktorialen Erzähler sprechen zu können, müssen aber nicht alle Merkmale erfüllt sein. Sie dienen lediglich als Anhaltspunkte, den auktorialen Erzähler zu erkennen.

Der personale Erzähler stellt das Geschehen entsprechend seiner persönlichen Sichtweise dar und kennt damit weder die Gedanken anderer Figuren noch den Fortgang der Erzählung. Natürlich kann auch dieser Erzähler das Geschehen kommentieren und bewerten, aber eben nur aus einem bestimmten, begrenzten Blickwinkel. Der neutrale Erzähler wirkt dagegen eher wie ein Berichterstatter. Seine Sprache ist sachlich, er kommentiert und bewertet nicht. In vielen Erzählungen wechselt der Erzähler die Erzählperspektive. Zum Beispiel kann der Wechsel in die personale Perspektive die Spannung erhöhen oder eine bestimmte Figur den Leserinnen und Lesern für einen Moment besonders nahebringen.

Die Erzählhaltung

Ironie als Merkmal des auktorialen Erzählers und dessen Haltung zum Geschehen

Untersucht man die Erzählhaltung, versucht man herauszufinden, wie der Erzähler dem Geschehen gegenübersteht. Er kann das, was gerade passiert, bejahen oder ablehnen, kann persönlich Anteil nehmen oder eine ironische Distanz dazu haben. Die Erzählhaltung kann sich wie die Erzählperspektive im Laufe einer Erzählung immer wieder ändern. Bei Gottfried Kellers Erzähler handelt es sich ausschließlich um einen auktorialen Erzähler mit einer überwiegend wohlwollenden, jedoch ausgesprochen ironischen Erzählhaltung. Erzählperspektive und Erzählhaltung können an vielen Stellen des Textes nachgewiesen werden. Die folgende Tabelle liefert lediglich eine Auswahl.

Auktoriale Erzählperspektive	Ironische Erzählhaltung
Kommentar: „Sie grüßte den Ritter daher auf das Holdseligste, indem sie auch lieblich errötete, und sprach sogleich hastig und schnell und vieles mit ihm, wie es die Art behaglicher Kleinstädterinnen ist, die sich den Fremden zeigen wollen." (K 16.16–19 / R 19.10–14)	„Sie grüßte den Ritter daher auf das Holdseligste" (K 16.16 / R 19.10). „[S]anft wie ein Lämmlein" (K 7.6 f. / R 8.4) „[...] auch wusste man nicht, ob der Wirt den Grafen oder dieser jenen bewirtete" (K 11.15 f. / R 13.13 f.).
Bewertung: „Nur Melcher Böhni, der Buchhalter, als ein geborener Zweifler" (K 14.6 f. / R 16.20 f.).	„[...] da in diesem Lande keine Männer zusammen sein konnten, ohne zu spielen" (K 13.14 f. / R 15.23–25).
Vorausdeutung: „[...] während ein eiskalter Hauch von Osten heranzuwehen begann" (K 34.14 f. / R 40.30 f.). **Blick in eine Figur:** „Alles dieses machte einen wunderbaren Eindruck auf Strapinski; er glaubte, sich in einer anderen Welt zu befinden." (K 21.14 f. / R 25.9–11)	„Der Amtsrat war durch irgendein plötzliches Ereignis verhindert worden mitzufahren" (K 27.4 f. / R 32.7–9).

Die Analyse der verschiedenen Aspekte des Erzählens liefert wertvolle Hinweise für die Interpretation. Durch die auktoriale Erzählperspektive und die ironisch-kommentierende, ablehnende oder zustimmende Erzählhaltung gibt der Erzähler bereits eine Interpretation des Geschehens und Anhaltspunkte zur Bewertung vor. So ist es vermutlich in erster Linie auf den Erzähler und seine Haltung zurückzuführen, dass die Leserinnen und Leser weder den Schneider noch die Goldacher als gänzlich schuldig oder unschuldig empfinden.

Beeinflussung des Lesers durch den Erzähler

Ein Kommentar wie der folgende zum Beispiel zeigt, dass der Wirt offenbar Wert darauf legt, ein ehrlicher Mensch zu sein:

> „Doch der wackere Wirt sagte ernsthaft: ‚Köchin, ich habe Euch schon einmal gesagt, dass dergleichen in dieser Stadt und in diesem Hause nicht angeht! Wir leben hier solid und ehrenfest und vermögen es!'" (K 5.24–27 / R 6.11–15)

Dass er sich dann doch auf den Vorschlag der Köchin einlässt, die Pastete für die Abendherren zu strecken, veranschaulicht jedoch, dass er sich von einem vermeintlichen Grafen derart beeindrucken lässt, dass er seine Prinzipien über Bord wirft. Die Bezeichnung „wackerer Wirt" erhält vor diesem Hintergrund eine ironische Note, denn der Erzähler entlarvt den Wirt damit als einen Menschen, dem im Zweifelsfall der gute Ruf wichtiger ist als seine Aufrichtigkeit.

Auch die Abendherren werden vom Erzähler durch das Mittel der Ironie in ein ungünstiges Licht gesetzt. So weiß dieser über sie zu berichten:

> „Denn es waren diejenigen Mitglieder guter Häuser, welche ihr Leben lang zu Hause blieben, deren Verwandte und Genossen aber in aller Welt saßen, weswegen sie selbst die Welt sattsam zu kennen glaubten." (K 11.10-13 / R 13.6–10)

Damit zeigt er, dass die Abendherren sich in ihrer Weltläufigkeit maßlos überschätzen. Die folgende Sequenz, in der sie sich gegenseitig zu überbieten suchen, indem jeder dem Schneider die exotischste und beste Zigarre anbieten möchte, wirkt vor diesem Hintergrund geradezu lächerlich (vgl. K 11.24–12.6 / R 13.29–14.8).

Für eine gewisse Entlastung sorgt der Erzähler an anderer Stelle:

> „Diese Leute waren nichts weniger als lächerlich oder einfältig, sondern umsichtige Geschäftsmänner, mehr schlau als vernagelt; allein da ihre wohlbesorgte Stadt klein war und es ihnen manchmal langweilig darin vorkam, waren sie stets begierig auf eine Abwechslung, ein Ereignis, einen Vorgang, dem sie sich ohne Rückhalt hingaben." (K 19.11–16 / R 22.26–32)

Damit lässt er zugleich erkennen, dass die ausgeprägte Sensationslust der Goldacher die Ereignisse befördert.

Aber auch der Schneider bleibt von der Ironie des Erzählers nicht verschont:

> „Nun war der Geist in ihn gefahren. Mit jedem Tage wandelte er sich, gleich einem Regenbogen, der zusehends bunter wird an der vorbrechenden Sonne. Er lernte in Stunden, in Augenblicken, was andere nicht in Jahren, da es in ihm gesteckt hatte, wie das Farbenwesen im Regenbogen." (K 22.22–26 / R 26.27–32)

Übertreibung als Mittel der Ironie

Die offensichtliche Übertreibung, der Geist sei in ihn gefahren, hält die Leserinnen und Leser dazu an, darüber nachzudenken, wer oder was dieser Geist ist, und ob man tatsächlich von einer reinen Fremdbestimmung des Schneiders sprechen kann. Einen ähnlichen Effekt hat die ebenfalls maßlose Übertreibung, der Schneider lerne in Augenblicken, was andere nicht in Jahren lernen (vgl. das obige Zitat).

Zur literarischen Gattung: *Kleider machen Leute* als Novelle

Die Novelle – Eine Neuigkeit?	
	➟ Bei einer Novelle handelt sich um eine kürzere Erzählung mit einem einzigen Erzählstrang und Hauptkonflikt. ➟ Sie führt geradlinig auf ein Ziel zu, weist aber meist eine bedeutsame Wende auf. ➟ Der Erzählstil ist eher objektiv; der Erzähler verzichtet meist auf eine Einmischung in die Erzählung.

Der ursprünglich aus dem Lateinischen stammende Begriff wurde mit der Bedeutung ‚Neuigkeit' ins Italienische übernommen. Seit der Renaissance handelt es sich dabei um einen literarischen Begriff. Die Novelle ist eine kürzere Prosa-Erzählung. Einer berühmten Definition von Goethe zufolge handelt sie von einer unerhörten Begebenheit; vom Märchen unterscheidet sie sich aber dahingehend, dass sie keine fantastischen Elemente enthält. Das heißt, alles, was in einer Novelle geschieht, ist zwar besonders, könnte sich jedoch auch in der Realität ereignen.

Allgemeine Merkmale von Novellen

In der Novelle gibt es nur einen einzigen Handlungsstrang und einen Hauptkonflikt. Die Erzählung führt geradlinig auf ein Ziel hin, auf Nebenhandlungen, Nebenschauplätze und einen verschlungenen Gang der Handlung wird also verzichtet. Dabei spitzen sich die Ereignisse meist auf eine Wende zu. Der Erzählstil ist in der Regel nahezu objektiv und entspricht dem eines Berichts. Der Erzähler verzichtet weitgehend auf eine Einmischung in Form von Kommentaren oder Wertungen.

Wenn man Gottfried Kellers Erzählung *Kleider machen Leute* einer Textsorte zuordnen möchte, kommt sie der der Novelle am nächsten. Kriterien wie die oben beschriebenen helfen bei der Einordnung. Dies bedeutet aber keineswegs, dass die Liste der Merkmale wie eine Schablone zu verwenden ist. Zunächst trifft zu, dass es sich bei Kellers Erzählung um einen – im Vergleich zu anderen Textsorten wie zum Beispiel dem Roman – recht kurzen Text handelt. Strapinskis Auftauchen und die folgenden Ereignisse können insofern als eine unerhörte Begebenheit gesehen werden, als dass eine Verwechslung von diesem Ausmaß und dieser Tragweite unwahrscheinlich und bemerkenswert ist. Ebenfalls trifft zu, dass ein zentraler Konflikt im Mittelpunkt steht: Strapinski gerät in die Rolle des Grafen, verliebt sich in die Tochter des Amtsrats und fürchtet, sowohl Nettchen als auch sein Ansehen zu verlieren, wenn seine wahre Identität bekannt wird. Um diese Angst und die daraus resultierenden Handlungsweisen dreht sich die Geschichte.

Übereinstimmungen von Kellers Novelle mit der Gattungsdefinition

Wenngleich einzelne Ereignisse, wie zum Beispiel das Glück im Spiel und in der Lotterie, eher unwahrscheinlich wirken, so gibt es dennoch keine Brüche mit der Wirklichkeit. Es sind keinerlei fantastische Wesen wie Feen, Hexen oder Zauberer am Gang der Ereignisse beteiligt. Im Gegenteil: Die Ereignisse ergeben sich in gewisser Weise logisch aus den Handlungen und Charakteren der Figuren. Auch führt die Erzählung auf ein Ziel hin, nämlich die Beantwortung der Frage, ob Nettchen Strapinski auch dann noch liebt und heiraten möchte, wenn sie um dessen tatsächliche Identität weiß. Und sie nimmt in der Szene der Entlarvung eine klare Wende.

Abweichung von den Gattungsmerkmalen

Der Erzählstil weicht jedoch von dem einer Novelle ab. Während wie bereits erwähnt im Allgemeinen ein eher objektiver Erzählstil in Novellen dominiert, verhält sich der Erzähler in *Kleider machen Leute* häufig wertend und kommentierend. Das heißt, der Leser weiß oder ahnt, was der Erzähler vom Verhalten einzelner Figuren hält und wie er das, was gerade geschieht, bewertet.

Themen

Sein und Schein

- Viele Figuren der Erzählung sind nicht so, wie sie zu sein scheinen.
- Die Köchin möchte den Abendherren falsche Rebhuhnpastete servieren.
- Der Wirt behauptet, rechtschaffen und ehrlich zu sein, ist aber bereit zu betrügen, wenn er sicher sein kann, dass der Betrug nicht aufgedeckt wird.
- Die Abendherren geben vor, weltmännisch zu sein, haben Goldach aber noch nie verlassen.
- Melchior Böhni gibt erstens vor, ahnungslos zu sein, zweitens inszeniert er sich als Retter und Tröster Nettchens.
- Die Sinnbilder der Häuser und die entsprechenden Galionsfiguren der Schlitten passen häufig nicht zu ihren Besitzern.

Das Problem der Differenz zwischen Sein und Schein

Das literarische Motiv des Hochstaplers ist kein Alleinstellungsmerkmal der Novelle Gottfried Kellers. Gerade die Variante des unfreiwilligen Hochstaplers lässt sich zum Beispiel in Carl Zuckmayers Stück *Der Hauptmann von Köpenick* (1931) finden (vgl. Selbmann 2004, S. 36).

Hochstapelei als bekanntes literarisches Motiv

Der Titel der Erzählung *Kleider machen Leute* und dessen Wiederholung in der Szene der Entlarvung legen nahe, dass das Thema der Differenz zwischen Sein und Schein in erster Linie auf den Schneider zutrifft. Tatsächlich betrifft das Problem des täuschenden Scheins aber die Gesellschaft, in der Strapinski verkehrt, wie sich an unterschiedlichen Figuren und sogar am Erscheinungsbild der Stadt erkennen lässt.

So schlägt bereits zu Beginn die Köchin vor, die Pastete für die Abendherren zu strecken. Sie sollen also etwas serviert bekommen, das nicht das ist, wonach es aussieht. Der Wirt will von diesem Vorschlag zunächst nichts wissen und lehnt ihn ab mit der Begründung, er sei ehrlich und rechtschaffen. Einem erneuten Vor-

Die Köchin: vordergründig rechtschaffen, hintergründig gewieft

schlag der Köchin, die Rebhuhnpastete zu strecken, widerspricht der Wirt schließlich nicht mehr. Ihm geht es nur dem Schein nach um Aufrichtigkeit; kann er sich aber sicher sein, dass eine Täuschung nicht auffällt, ist er bereit zu betrügen.

Böhni weiß mehr, als er vorgibt

Auf Melchior Böhni triff das Motiv des täuschenden Scheins sogar in mehrfacher Hinsicht zu: Er gibt zum einen vor, genauso ahnungslos zu sein wie die übrigen Goldacher, dabei kennt er die Wahrheit. Doch er hält sie zurück und weiß sogar zu verhindern, dass der Schneider selbst sie nicht preisgibt, indem er beim Glücksspiel für ihn setzt (vgl. K 14.21–25 / R 17.4–9). Bei der Entlarvung des Schneiders täuscht Böhni erneut und inszeniert sich als Retter und Tröster Nettchens, obwohl er selbst es war, der diese Situation mitverantwortet hat (vgl. K 34.26–30 / R 41.12–16).

Auffällig sind vor allem die detailreichen Beschreibungen der Stadt und der Schlitten, da sie für die Handlung selbst nicht relevant sind, sondern lediglich ausschmückenden Charakter haben. Dabei spitzt sich die Differenz zwischen Sein und Schein zu: So wohnt der Friedensrichter in einem Haus mit dem Namen „zum Tod", des Schuldenschreibers Haus hat den Namen „zur Geduld". Bezüglich der Schlitten wird behauptet, die Verbesserlichkeit sei neu lackiert und die Sparsamkeit neu vergoldet.

Nettchen durchbricht das Spiel um Sein und Schein

Allein Nettchen setzt sich über die Wahrung des äußeren Scheins hinweg und widerspricht ihrem Vater, der meint, sie solle nun Melchior Böhni heiraten, um ihre Ehre zu retten. Mit ihrem Widerspruch betont sie den Vorrang aufrichtiger Gefühle und moralischer Verhaltensweisen – sie habe Strapinski ihr Wort gegeben – vor gesellschaftlichem Ansehen:

> „Aber das Wort Ehre brachte nun doch die Tochter in größere Aufregung. Sie rief, gerade die Ehre sei es, welche ihr gebiete, den Herren Böhni nicht zu heiraten, weil sie ihn nicht leiden könne, dagegen dem armen Fremden getreu zu bleiben, welchem sie ihr Wort gegeben habe und den sie auch leiden könne!" (K 45.33–46.3 / R 54.34–55.4)

Umkehrung und Doppeldeutigkeit des Novellentitels

Ein geflügeltes Wort lautet „sich die Wahrheit zurechtschneidern". Dies kann in unterschiedlichen Kontexten Unterschiedliches bedeuten, kann bewusst oder unbewusst passieren, meint aber letztlich immer, dass die Wahrheit der eigenen Wahrnehmung oder den eigenen Bedürfnissen angepasst wird.

Die doppelte Entlarvung

- Nicht nur der Schneider wird entlarvt, sondern auch die Goldacher.
- Sowohl der Titel *Kleider machen Leute* wie auch dessen Umkehrung *Leute machen Kleider* sind metaphorisch zu verstehen.
- Im ersten Fall machen die Kleider aus einem Schneider einen Grafen.
- Im zweiten Fall machen die Leute Kleider für einen Grafen.
- Die Doppeldeutigkeit ist bereits im Titel angelegt.

Bei der Demaskierung des Schneiders handelt es sich nicht um die einfache Entlarvung eines Einzelnen. Im Gasthof wird nicht nur Strapinski, sondern die gesamte Goldacher Gesellschaft mit Ausnahme Melchior Böhnis entlarvt. Dabei wird die Dynamik, die die Geschichte vorangetrieben hat, transparent.

„Kleider machen Leute" und „Leute machen Kleider"

Wie der Text selbst durch die Darbietung der Seldwyler beim Fastnachtszug nahelegt, erfährt der Titel der Novelle *Kleider machen Leute* seine Umkehrung in der Formulierung „Leute machen Kleider". Beides ist hier metaphorisch zu verstehen. Die erste Formulierung verdeutlicht, dass derjenige, der sich auf bestimmte Art und Weise kleidet, eine entsprechende Wirkung zu erwarten hat oder diese bewusst erzielen will: Der Schneider kleidet sich mit Radmantel und Pelzmütze und gibt sich damit, wenn zunächst auch ungewollt, den Anschein eines Grafen. Hier machen die Kleider aus einer Person eine andere.

Kleider als Metapher für den sozialen Status

Die zweite Formulierung enthält nicht nur einen einfachen Verweis auf das Schneiderhandwerk. Metaphorisch lässt sich die Umkehrung so verstehen, dass Leute, hier konkret die Goldacher, alles, was kleidet, sich im übertragenen Sinne „zurechtschneidern". Damit ist keineswegs nur Kleidung im eigentlichen Sinne gemeint, sondern auch Benehmen, Ruf oder Statussymbole. Genau dieses Verhalten der Goldacher treibt die Handlung voran. Während der Schneider Strapinski mit seinem Erscheinungsbild vielleicht den Anstoß gegeben haben mag, gehen alle weiteren Zuschreibungen oder, um in der bildlichen, dem Schneiderhandwerk entlehnten Sprache zu bleiben, alle „Zuschnitte" der wahrgenommenen Wirklichkeit zunächst auf das Konto der Goldacher: Die Wirtsleute deuten Strapinskis Zögerlichkeit beim Essen ohne objektiv zwingenden Grund als Vornehmheit (vgl. K 8.27 f. / R 10.1 f.). Diesmal sind zweifellos sie es, die dem Schneider durch ihre Deutung seines Verhaltens das „Grafengewand" anlegen. Hier „entsteht" also keine Person durch ihre Kleidung, hier wird kein Schneider durch einen Radmantel zum Grafen, sondern es werden „Kleider" für einen Grafen „angefertigt".

Nicht nur Kleider, sondern auch Menschen machen Menschen

Zu diesen „Kleidern" gehören sowohl die Mutmaßung, der Graf sei ein politisch Verfolgter (vgl. K 18.28 / R 22.3–5), als auch die Annahme, dass es sich bei den Lotterielosen um geschäftliche Korrespondenz handele (vgl. K 23.18–20 / R 27.30–32). Strapinski provoziert natürlich durch die Geheimhaltung dessen, was wirklich dahinter steckt, Spekulationen, es sind aber die Goldacher, die Strapinski etwas unterstellen. Auch Nettchen „produziert" ganz in ihrem Sinne am Bild des Grafen mit, wenn sie seine Schüchternheit und Zurückhaltung als höfliches und vornehmes Verhalten deutet und dieses dem Verhalten der Goldacher entgegensetzt (vgl. K 16.12–15 / R 19.5–9).

Aber auch ohne die ausdrückliche Umkehrung des Titels in der Entlarvungsszene lässt der Titel selbst die doppelte Lesart zu. Während in der ersten Lesart das Wort „Kleider" als Subjekt zu verstehen ist und das Wort „Leute" als Akkusativobjekt, wird in der zweiten Lesart das Wort „Kleider" zum Akkusativobjekt und das Wort

„Leute" zum Subjekt. Es ist im Deutschen durchaus möglich, Sätze mit einem Akkusativobjekt zu beginnen (Inversion). Damit steckt bereits im Titel, was in der Entlarvungsszene zum Vorschein kommt.

Namen und Symbole

In den Namen der Personen in *Kleider machen Leute* stecken zahlreiche Anspielungen auf den jeweiligen Charakter der Figuren selbst. Sie sind zum Teil inspiriert durch aktuelle Geschehnisse in der Zeit Kellers, enthalten aber auch Querverweise zur allgemeineren Geschichte.

Sprechende Namen

- ➡ Der Name Wenzel Strapinski könnte inspiriert sein von Betrügern, die sich mit Lügen die Solidarität und Sympathie mit Polen zunutze gemacht haben.
- ➡ Wenzel, als Kurzform von Wenzeslaus, bedeutet ‚mehr Ruhm', erinnert aber an das Verb „scharwenzeln", das ‚sich unterwürfig zeigen' bedeutet.
- ➡ Nettchen leitet sich als Verkleinerungsform von Annette, der französischen Verkleinerungsform von Anne, ab.
- ➡ Die Namen Häberlin und Pütschli-Nievergelt erinnern an „haben/behäbig" und an „Putsch" und „Vergeltung".
- ➡ Melchior ist einer der drei Weisen aus dem Morgenland, Böhni bedeutet ‚kleine Bohne'.
- ➡ Die Galionsfigur Melchior Böhnis ist der Bibel entlehnt.
- ➡ Die Namen der Häuser zeigen das unreflektierte Traditions- und Geschichtsbewusstsein und die Oberflächlichkeit der Goldacher.
- ➡ Die Beschreibung der Schlitten-Sinnbilder ist äußerst ironisch und veranschaulicht, dass die Goldacher nicht das sind, was sie vorgeben zu sein.

Strapinski

1863 wird in Zürich ein „Komitee zur Unterstützung Polens" gegründet, als dessen Sekretär Gottfried Keller viele Spendenaufrufe verfasst hat. Die Spenden sollten Flüchtlingen zugutekommen, die untergebracht und versorgt werden mussten. Von diesem Komitee versuchten nun Einzelne zu profitieren, so zum Beispiel Julius

Schramm, der in seiner Position als Sekretär des Komiteepräsidenten die für Polen bestimmten finanziellen Mittel veruntreute. Seine vorgetäuschte Geschichte um Liebe und politische Verfolgung erinnert stark an Strapinski. Zu dieser Zeit wurde in den Polizeiakten auch ein Pole namens Julian Saminski geführt, der als russischer Spion in Bern im Gefängnis saß. Zunächst dachte Keller darüber nach, den Helden seiner Geschichte Julian zu nennen, aber auch die Ähnlichkeiten der Namen Saminski und Strapinski lassen vermuten, dass Keller durch die historischen Begebenheiten inspiriert worden ist (vgl. Selbmann 1984, S. 17).

Namensgebung Strapinski

Aber auch der Name Wenzel steht in Zusammenhang mit den Charaktereigenschaften der Figur. Wenzel ist die deutsche Kurzform von Wenzeslaus, der lateinischen Form eines männlichen Vornamens slawischen Ursprungs, zusammengesetzt aus einem altrussischen Wort für ‚mehr' und (lateinisch) *laus* (‚Ruhm'). Letzterer wird Wenzel Strapinski durch die Goldacher zuteil. Auch die Nähe zu dem deutschen Wort „scharwenzeln" (‚sich unterwürfig zeigen') ist auffällig.

Nettchen

Nettchen ist die Verkleinerungs- und Koseform von Annette, was wiederum die französische Verkleinerungsform von Anne ist. Entsprechend naiv erscheint sie zumindest zu Beginn der Erzählung. Ihre Vorstellungen von einem Traummann sind kaum an ernst zu nehmenden Eigenschaften orientiert, sondern in erster Linie durch sehr oberflächliche Attribute gekennzeichnet wie Herkunft, Haarpracht oder Beruf (vgl. K 25.26–30 / R 30.20–24). Auch Nettchens äußere Beschreibung durch den Erzähler, ihr Hang zu modischer Kleidung und übertriebenem Schmuck, passt ebenfalls zu ihrem Namen. Der Erzähler spricht sogar davon, dass sie mit Schmuck verziert sei (vgl. K 15.33 / R 18.25). Damit behandelt er sie nicht wie eine eigenständig denkende Persönlichkeit, sondern eher wie einen repräsentativen Gegenstand. Dem widerspricht freilich ihr Verhalten im weiteren Verlauf der Erzählung.

Nettchen als doppelte Verkleinerungsform

Die Abendherren

Namentlich genannt sind von den Abendherren Häberlin, Pütschli-Nievergelt und Melchior Böhni. Während die beiden ersten Namen auf negative Eigenschaften der Goldacher Gesellschaft beziehungsweise auf das kommende Geschehen anspielen, ist der Name Melchior Böhni stärker mit der Figur selbst verknüpft.

Die sprechenden Namen der Abendherren

Häberlin erinnert klanglich an „haben" oder „Behäbigkeit". Das mag sowohl auf einen gewissen Reichtum mit entsprechendem Stolz wie auch auf eine gewisse Inflexibilität im Denken und Handeln der Goldacher hinweisen. Sie pflegen einerseits ihre Tugenden oder das, was sie dafür halten, in Form von Geschäftstüchtigkeit und Lokalpatriotismus. Andererseits zeigen sie sich in ihren Denkweisen als so eingefahren, dass sie nicht auf die Idee kommen, die Identität „ihres Grafen" zu hinterfragen. Der Name Pütschli-Nievergelt verweist zum einen auf den sich ankündigenden Putsch, zum anderen assoziiert er den Begriff der Vergeltung, und zwar in übertragener als auch wörtlicher Bedeutung: Nievergelt ist also jemand, der nichts zurückzahlt oder niemanden für seine Dienste entlohnt.

Melchior Böhnis sprechender Name

Dem Nachnamen zufolge ist Melchior (oder auch Melcher) Böhni eine „kleine Bohne". Der Vorname spielt jedoch auf einen der drei Weisen aus dem Morgenland an. In der Verbindung von Vor- und Nachname (der Weise vs. die kleine Bohne) steckt also sowohl die rasche Auffassungs- und Kombinationsgabe dieser Figur als auch ein lächerlicher Zug, der beispielsweise dann entsteht, wenn Melchior Böhni mehrfach bei dem Versuch, um Nettchen zu werben, scheitert.

Die Sinnbilder der Häuser

Gemessen am Gesamtumfang der Novelle nimmt die detaillierte Beschreibung der Stadt einen auffällig breiten Raum ein. Ohne das entsprechende Hintergrundwissen mag sie vielleicht auch langatmig wirken. Die Namen der Häuser lassen sich zunächst drei Kategorien zuordnen: Namen, die an das Mittelalter erinnern, Namen, die den Tugenden der Aufklärung huldigen, und poetische Namen, die häufig von Frauennamen abgeleitet sind.

Traditionsbewusstsein der Goldacher

Sowohl die mittelalterlichen Namen als auch die aus der Zeit der Aufklärung stammenden spiegeln das Traditionsbewusstsein der Goldacher. Allerdings liegt dabei eine naive Auffassung von Geschichte zugrunde, da Namen wie „zum Ritter“, „zur Wasserfrau“ oder „zum Paradiesvogel“ die Vergangenheit romantisch verklären.

Absurde Namensgebung im Kontext der Aufklärung

Ähnliches geschieht bei den Namen, die einen Bezug zur Epoche der Aufklärung beinhalten. Deren Tugenden und die moralische Autonomie, d. h. Selbstständigkeit des Menschen, finden hier ihren Niederschlag (vgl. K 20.15 ff. / R 24.6 ff.), jedoch nicht ohne eine Ironisierung durch den Erzähler, wie etwa das folgende Beispiel beweist: Namenspaare wie „zur Bürgertugend a“ und „zur Bürgertugend b“ (K 20.18 f. / R 24.8) vermitteln den Eindruck, als habe man sich das „Moralische“ aufgeteilt – Moral ist aber, ebenso wenig wie etwa die Tugenden Ehrlichkeit oder Aufrichtigkeit, nicht teilbar.

Dass darüber hinaus die Goldacher in ihrem vorgeblichen moralischen und historischen Bewusstsein kaum ernst zu nehmen sind, zeigen die nahezu absurden Kombinationen von Berufsbezeichnungen und Häusernamen wie etwa „Schuldenschreiber“ / „zur Geduld“ und „Friedensrichter“ / „zum Tod“.

Demonstration von Wohlstand

Die neueren Häusernamen wie beispielsweise „Wilhelminenburg“ klingen poetisch, haben aber letztlich ihren Ursprung in der Quelle ihrer Finanzierung und büßen damit ebenfalls an Glaubwürdigkeit ein (vgl. Selbmann 1984, S. 56). Die Sinnbilder der Häuser wie auch die liebevoll restaurierten und mit Gold geschmückten Türmchen (vgl. K 21.6–9 / R 24.33–25.3) sind insgesamt nichts anderes als Fassade und schöner Schein und verweisen damit auf die Werte und innere Verfassung der Goldacher Gesellschaft.

Die Sinnbilder der Schlitten

Ähnlich verhält es sich mit den Sinnbildern der Schlitten. Die Neigung der Goldacher Bürger zu Prunk, einfachem Vergnügen und traditioneller Ordnung zeigt sich in folgender Formulierung:

> „Ihnen folgten fünfzehn bis sechzehn Gefährte mit je einem Herren und einer Dame, alle geputzt und lebensfroh, aber keines der Paare so schön und stattlich wie das Brautpaar." (K 27.10–12 / R 32.14–17)

Widersprüchliche Namensgebung der Schlitten

Zugespitzt wird die Situation durch den in einen Ausruf des Volkes gekleideten Kommentar des Erzählers. Die Sinnbilder passen nicht zu dem Zustand der Schlitten. So scheint die Verbesserlichkeit neu ‚lackiert' und die Sparsamkeit frisch ‚vergoldet' (vgl. K 27.15–17 / R 32.21 f.). Zum einen zeigt dies, dass Sein und Schein weit auseinanderklaffen. Zum andern geben die Goldacher durch ihre Reaktion auf die Schlitten – niemandem fällt dieser Widerspruch auf oder es wird zumindest darüber geschwiegen – unfreiwillig preis, dass sie sich hinter Tugenden verstecken, die sie nicht leben, und dass dies offenbar ein allgemein akzeptierter Zustand ist.

Schuld, Missgunst und Moral

Die moralische Vielschichtigkeit der Erzählung

- ➞ Melchior Böhni und Strapinski sind in moralischer Hinsicht konträre Figuren.
- ➞ Die Erzählung legt nahe, dass eher die Motive als die Ergebnisse der Handlungsweisen einen guten oder schlechten Menschen ausmachen.
- ➞ Die Täuschung ist seitens des Schneiders zunächst nicht vorsätzlich, er führt sie aber aktiv fort.
- ➞ Die Täuschung wird durch das Verhalten der Goldacher begünstigt.
- ➞ Am Ende der Erzählung werden Strapinski und die Goldacher belohnt, die Seldwyler hingegen bestraft.

Ambivalenz der moralischen Aspekte

In moralischer Hinsicht ist Kellers Erzählung durchaus vielschichtig. Es gibt weder die „richtig Guten" noch die „richtig Bösen". Die Figuren handeln stets ihrer Biografie und ihrem Charakter entsprechend. Auffällig ist daher auch, dass die moralische Integrität vieler Figuren nicht zweifelsfrei ist.

Beispielsweise stehen sich Wahrheit und Betrug in Kombination mit Missgunst und Bescheidenheit in Gestalt

Strapinski und Böhni als gegensätzlich angelegte Figuren

der gegensätzlichen Figuren Wenzel Strapinski und Melchior Böhni gegenüber: Während Böhni zunehmend die Wahrheit ans Licht zu bringen versucht und damit zunächst moralisch richtig zu handeln scheint, verstrickt sich Strapinski mehr und mehr in einem Geflecht aus Lügen. Daher erscheint er zunächst als der Unmoralischere der beiden. Dennoch wird Böhni am Ende bestraft, indem Nettchen ihm ein zweites Mal eine Absage erteilt (vgl. K 34.33 / R 41.20), Strapinski hingegen belohnt, indem Nettchen ihn erst rettet (vgl. K 37.7 / R 44.11) und später sogar heiratet (vgl. K 47.31 / R 57.11).

Auflösung des Widerspruchs im Hinblick auf Bestrafung und Belohnung

Dieser Scheinwiderspruch lässt sich auflösen, indem man das Augenmerk auf das jeweilige Handlungsmotiv der beiden Charaktere legt: Während Böhni die Wahrheit ans Licht bringt, um Strapinski zu schaden und um bei Nettchen eine zweite Chance zu erhalten, handelt Strapinski zunächst aus Schüchternheit, schlimmstenfalls aus Schwäche und Naivität, später aber aus Liebe zu Nettchen. Die Handlungsmotivationen und nicht die Handlungen selbst sind es, die bestraft bzw. belohnt werden. Dies bedeutet am Beispiel des Schneiders, dass dem, der moralisch fehlt, seine Verfehlung verziehen wird, wenn die Absicht dahinter gut oder zumindest nicht böse ist. Im Falle Böhnis bedeutet dies, dass ein prinzipiell wünschenswertes Ergebnis – hier die Richtigstellung der Täuschung – in moralischer Hinsicht wertlos ist, wenn sich die Absicht als missgünstig oder egoistisch erweist.

Wahrheitsverkündung zum Schaden anderer als moralisch verwerflicher Akt?

Ähnlich verhält es sich bei den Seldwylern, deren prominenter Vertreter der Schneidermeister ist. Auch dieser hilft, die Wahrheit ans Licht zu bringen, jedoch in der Absicht, Strapinski zu schaden, obwohl er ihn ohne Lohn entlassen hat. Grund für seine Schadensabsicht ist die Furcht, dass Strapinski für ihn ein Konkurrent sein könnte (vgl. Rothenbühler 2012, S. 64). Und genau hierin besteht schließlich auch die Strafe für die missgünstigen Seldwyler: Strapinski lässt sich mit Nettchen in Seldwyla nieder und kommt dort durch Tugendhaftigkeit zu Geld. Ironischerweise sind es gerade die Einwohner Seldwylas, die ihm seine Tugendhaftigkeit mit ihrer Eitelkeit bezahlen und ihn damit erneut belohnen, sich selbst aber bestrafen, indem sie sich von ihm ausgebeutet fühlen. Über das Verhältnis zwischen Strapinski und den Seldwylern weiß der Erzähler Folgendes zu berichten:

> „Das geschah denn auch, aber in ganz anderer Weise als die Seldwyler geträumt hatten. Er war bescheiden, sparsam und fleißig in seinem Geschäfte, welchem er einen großen Umfang zu geben verstand. Er machte ihnen ihre veilchenfarbigen oder weiß und blau gewürfelten Sammetwesten, ihre Ballfräcke mit goldenen Knöpfen, ihre rot ausgeschlagenen Mäntel, und alles waren sie ihm schuldig, aber nie zu lange Zeit. Denn um neue, noch schönere Sachen zu erhalten, welche er kommen oder anfertigen ließ, mussten sie ihm das Frühere bezahlen, sodass sie untereinander klagten, er presse ihnen das Blut unter den Nägeln hervor." (K 48.7–16 / R 57.21–33)

Die Täuschung des Schneiders: Fehltritt oder echte moralische Verfehlung?

In moralischer Hinsicht zu hinterfragen ist auch die Täuschung, derer sich Strapinski bedient. Sind es die Goldacher, die den Schneider in seine Rolle hineingedrängt haben, oder ist es der Schneider, der sich die Rolle des Grafen angemaßt hat? Zur moralischen Bewertung der einen wie der anderen Deutung liefern sowohl der Erzähler als auch der Anwalt, der gegen Ende Strapinskis Verteidigung übernimmt, zahlreiche Hinweise.

Übereifer und Willenlosigkeit im ungünstigen Zusammenspiel

Der Beginn der Erzählung vermittelt das Bild eines dankbaren und bescheidenen, allerdings auch ängstlichen und wenig geistesgegenwärtigen Schneiders, dessen Zurückhaltung im Kontrast zur Aggressivität der Goldacher steht. Diese nämlich stürzen heraus und reißen die Tür des Wagens auf, um ihn in den Gasthof zu geleiten (vgl. K 4.22 f. / R 4.34 f.). Das forsche Verhalten der Goldacher setzt sich im Laufe der Erzählung fort, der Schneider wird zu Ausflügen und anderen Unternehmungen eingeladen, und niemand außer Melchior Böhni fragt sich nach seiner Herkunft. Dass er ein Graf ist, scheint über weite Strecken der Erzählung eine unumstößliche Wahrheit für die Goldacher zu sein.

Das legt zumindest die Vermutung nahe, dass der Anstoß der Ereignisse aktiv von den Goldachern ausgeht, die dienstbeflissen, zuweilen auch übereifrig sich so sehr um ihr Ansehen kümmern, dass sie ihre ersten

Mutmaßungen über den Ankömmling kein einziges Mal infrage stellen. Auch Strapinskis erster Fluchtversuch zeigt, dass er dieser Situation eigentlich nur so schnell wie möglich entkommen möchte, ohne jemandem etwas schuldig zu bleiben. Die Bezeichnung als „Lämmlein“ (K 7.7 / R 8.4) wirkt in diesem Zusammenhang bereits etwas abfällig und unterstreicht die Willenlosigkeit des Schneiders.

Eine klare moralische, wenn auch ironisch übertriebene Bewertung, die in Richtung Eigenverantwortung des Schneiders zielt, liefert der Erzähler, als Strapinski die Erwartung des Kellners erfüllt und sich in der Toilette einschließt. Die „erste selbsttätige Lüge“ (K 7.12 / R 8.10 f.) führt auf den „abschüssigen Weg des Bösen“ (K 7.14 / R 8.12 f.).

Strapinski: kein wirklich schlechter Mensch

Dass der grundsätzlich als lieber und einfühlsamer Mensch dargestellte Strapinski mit zunehmend aktiver Mitwirkung an der Täuschung von nächtlichen Gewissensbissen geplagt wird, zeigt, dass er sich seines eigenen Anteils an der Täuschung bewusst ist. Offenbar ist auf seine moralische Intuition Verlass. Allerdings reicht seine Reflexionsfähigkeit nicht so weit, dass er sich über seine wahren Gründe im Klaren ist. Vielmehr schreibt er die Situation seiner Eitelkeit zu und nicht seinem fehlenden Mut und der Begegnung mit Nettchen (vgl. K 23.3–7 / R 27.11–17). Entlastend bemerkt der Erzähler andererseits: „Nun war der Geist in ihn gefahren“ (K 22.22 / R 26.27), relativiert aber diese Fremdbestimmtheit durch die ironische Übertreibung der Formulierung sofort wieder.

Eine verhältnismäßig überzeugende Entlastung liefert dagegen der von Nettchen beauftragte Anwalt. Er will herausgefunden haben, dass der Schneider überall, wo er war, einen guten Eindruck hinterlassen hat. Außerdem habe er sich nicht ein einziges Mal selbst als Graf bezeichnet, geschweige denn als solcher unterschrieben (vgl. K 47.21–27 / R 56.34–57.6).

Ein abschließendes moralisches Urteil oder eine eindeutige Zuschreibung von Schuld ist daher kaum möglich.

Fehlverhalten ohne prinzipiellen Vorsatz

Vermutlich lässt sich der Schneider nicht als Betrüger bezeichnen, da der Vorsatz einer bewussten Täuschung fehlt oder zumindest nicht ersichtlich ist. Moralisch allerdings ist sein Verhalten durchaus angreifbar, da er sich zu keinem Zeitpunkt überwinden kann, die allgemeine Fehleinschätzung richtigzustellen.

Was die Goldacher angeht, so haben sie in gewisser Weise nach bestem Wissen und entsprechend ihres lebensweltlichen Horizonts gehandelt. Allerdings ist der Vorwurf berechtigt, dass sie jegliche Eigenverantwortung abgegeben haben, indem sie die Herkunft Strapinskis niemals hinterfragten – nicht zuletzt deshalb, weil sie von der Ehre, die ihrem Städtchen durch den noblen Besuch zuteilwurde, sicherlich geblendet waren.

Zeitgeschichtlicher Hintergrund

Literatur und Gesellschaft in der Epoche des Realismus

Im Spiegel der bürgerlichen Gesellschaft	
	➟ Die industrielle Revolution ermöglichte das Entstehen großer Betriebe oder die Vergrößerung bestehender Betriebe bei entsprechendem Kapital der Besitzer. ➟ Viele Menschen – insbesondere Kleinbauern und Tagelöhner – mussten um das Überleben kämpfen. ➟ Melchior Böhni profitiert von diesem Wandel sowohl finanziell als auch sozial. ➟ Wenzel Strapinski und der Seldwyler Schneidermeister geraten durch diese Entwicklung in eine finanzielle Notlage. ➟ Die bürgerliche Gesellschaft wird sowohl in ihren Tugenden als auch in ihren Unzulänglichkeiten dargestellt. ➟ Die Charakterisierung einzelner Figuren erweist sich immer wieder auch als eine Charakterisierung der Gesellschaft.

Das bürgerliche Milieu in der Literatur des Realismus

Nachdem 1848 die revolutionären Bewegungen, die in vielen Teilen Europas zu mehr bürgerlichen und demokratischen Rechten führen sollten, gescheitert waren, schlug sich dies auch in der Literatur nieder. Während die Literatur des Vormärz (1815–1848) noch ausgesprochen politisch war, beschränkten sich die Autoren des Realismus weitgehend auf die Welt des Privaten (vgl. Nürnberger 2006, S. 243). Auch bei Gottfried Keller ist dies zu beobachten, spielt die Novelle *Kleider machen Leute* doch überwiegend im bürgerlichen Milieu und verzichtet weitgehend auf die Darstellung der aufkommenden Spannungen zwischen Arm und Reich. Jedoch gibt Keller – wenngleich wenig drastisch – am Beispiel des Schneiders Wenzel Strapinski, des Seldwyler Schneidermeisters oder der Bäuerin, die selbst keinen Landbesitz hat, sondern Nettchens Vater einen Grundzins entrichten muss, einen kleinen Einblick in das Leben der weniger Wohlhabenden oder Armen (vgl. K 37.21 f. / R 44.27 f.).

Landflucht als Folge der Industrialisierung

In der zweiten Hälfte des 19. Jahrhunderts finden zahlreiche Veränderungen in der Gesellschaft statt. Durch die zunehmende Industrialisierung und den damit einhergehenden technischen Fortschritt wird der Alltag der wohlhabenderen Bevölkerung erleichtert, andererseits müssen Kleinbauern und Besitzlose nun häufig einen regelrechten Überlebenskampf führen. Daher verlassen viele von ihnen das Land, um in der Stadt ein Auskommen zu suchen. Nicht anders geht es Wenzel Strapinski, dessen Handwerksbetrieb, in dem er zuvor in Seldwyla als Angestellter gearbeitet hat, Bankrott machte (vgl. K 3.8–10 7 R 3.10–13). Die Figur des Schneiders steht auch hier der Figur Melchior Böhnis gegenüber. Während Böhni dem durch die Industrialisierung aufstrebenden Bürgertum angehört, muss der Schneider auf der Suche nach Arbeit auf Wanderschaft gehen. Die große Spinnerei, die mit Melchior Böhni sogar einen eigenen Buchhalter hat, gehört zu denjenigen Betrieben, die durch die Industrialisierung entstanden sind oder sich vergrößern konnten.

Rückzug aus der Politik als Folge der gescheiterten Revolution?

Den Rückzug der Literatur aus der Politik als Folge der gescheiterten Revolution in Deutschland und anderen europäischen Staaten bewertet Keller als Schweizer jedoch anders: Im Rahmen der Revolution 1848 siegten die liberalen Kantone über die konservativen und die neue schweizerische Bundesverfassung entstand. Allerdings hatte die Schweiz bereits vor 1848 eine Verfassung und war anders als die meisten europäischen Staaten bereits eine Republik. Keller sah den Rückzug der Literatur aus dem Politischen als ein Zeichen der siegreichen Revolution (vgl. Rothenbühler 2012, S. 18).

Bürgerliches Selbstbewusstsein und dessen Ironisierung

Entsprechend wirken seine bürgerlichen Figuren auch keineswegs so, als seien sie entwurzelt, orientierungslos oder ihres Selbstbewusstseins beraubt. Die Stärken des Bürgertums, seine wirtschaftliche Tüchtigkeit und Bildung, die infolge der gescheiterten Revolution im Mittelpunkt der Darstellung in der Literatur stehen, finden in Kellers Novelle ihren Niederschlag, freilich nicht ohne das bürgerliche Selbstbewusstsein zu ironisieren. So kommentiert der Erzähler einerseits ironisch die Szene, in der die Abendherren bis hin zur Anbiederung um die Gunst Strapinskis buhlen, indem sie ihre Qualitäten ins rechte Licht zu rücken und sich einen weltmännischen Anschein zu geben versuchen (vgl. K 11.10–34 / R 13.6–10). Andererseits stellt er sie den bürgerlichen Tugenden entsprechend als umsichtige Geschäftsmänner dar, die einfach nur ein bisschen Langeweile haben (vgl. K 19.11–14 / R 22.27–30).

Nettchen als Produkt der bürgerlichen Selbstgefälligkeit

Auch Nettchen ist – zumindest am Anfang ihrer Entwicklung – ein Produkt dieser tüchtigen, aber auch selbstgefälligen Gesellschaft (vgl. Selbmann 1985, S. 42). Offenbar wenig überlegt redet sie sogleich auf den vermeintlichen Grafen ein, wie es als die Art behaglicher Kleinstädterinnen (vgl. K 16.8 / R 19.12 f.) beschrieben wird. Die Verallgemeinerung dieses Wesenszuges, das heißt dessen Gültigkeit für alle behaglichen Kleinstädterinnen, zeigt, dass hier im Spiegel eines Individuums die Gesellschaft porträtiert wird. Ähnlich verhält es sich bei der Aussage, dass in diesem Lande keine Männer zusammensitzen könnten, ohne zu spielen (vgl. K 13.14–16 / R 15.23–25). Auch an dieser Stelle wird keine einzelne Person, sondern eine ganze Gesellschaft als dem seichten Vergnügen zugetan charakterisiert.

Politische Hintergründe zu den Anspielungen auf die polnische Herkunft

Die „polnische Mode"	
	→ Polen war zum damaligen Zeitpunkt „Spielball europäischer Territorialpolitik". → Viele europäische Bürgerliche fühlten sich der Nationalbewegung Polens verbunden. → In bürgerlichen Kreisen wurde alles Polnische zur Mode. → Nettchen und der Wirt bekennen sich zu dieser Mode.

Strapinski ist trotz des polnisch klingenden Namens Deutscher. Er stammt aus Schlesien, das damals polnische und deutsche Bevölkerungsanteile hatte. Dass der vermeintliche Graf als vermeintlicher Pole einen ganz besonderen Eindruck auf die Goldacher macht, ist der damaligen Situation Polens in Europa geschuldet.

Durch die polnischen Teilungen in den Jahren 1777, 1793 und 1795 hörte Polen als eigenständiger Staat auf zu existieren. Es wurde zwischen Russland, Österreich-Ungarn und Preußen aufgeteilt (vgl. Selbmann 1984, S. 14). Eine polnische Nationalbewegung, die allerdings über wenig tatsächlichen politischen Einfluss verfügte, konnte zwar nicht auf europäische Unterstützung hoffen, fand aber unter den Bürgerlichen viele Sympathisanten. Dass alles Polnische geradezu eine Mode geworden ist, zeigt sich an unterschiedlichen Stellen in *Kleider machen Leute*.

Die polnische Herkunft als Sympathie- und Attraktivitätsfaktor

So ist eine polnische Herkunft in den Augen Nettchens offenbar ein Attraktivitätskriterium (vgl. K 25.28 / R 30.22), sein polnisches Lied kommentiert sie gerührt mit den Worten: „Ach, das Nationale ist immer so schön!" (K 17.27 f. / R 20.31 f.) Aber auch die Spekulationen des Wirtes zeugen von dessen Sympathie für polnische Flüchtlinge oder politisch Verfolgte polnischer Herkunft:

> „Der Wirt ging erstaunt zu den Punsch trinkenden Gästen, erzählte ihnen den Fall und schloss mit dem Ausspruche, dass der Graf unzweifelhaft ein Opfer politischer oder der Familienverfolgung sein müsse; denn um eben diese Zeit wurden viele Polen und andere Flüchtlinge wegen gewaltsamer Unternehmungen des Landes verwiesen; andere wurden von fremden Agenten beobachtet und umgarnt." (K 18.24–32 / R 22.1–9)

Künstlertum und Bürgertum

Kleider machen Leute: Zwischen Romantik und Realismus	➟ Der Schneider Wenzel Strapinski erscheint als romantischer Held. Er weist Merkmale eines Künstlers, Poeten und Schauspielers auf. ➟ Auch seine Wahrnehmung hat romantische Züge. ➟ Seine romantische Grundhaltung führt ihn jedoch in ein bürgerliches Leben. ➟ Stilistisch weist Gottfried Kellers Novelle neben Merkmalen des Realismus (z. B. ergibt sich die Handlung aus dem Charakter und dem Leben von Durchschnittsmenschen) auch Merkmale der Romantik (z. B. märchenhafte Formulierungen) auf.

Strapinski: eine Figur mit romantischen Tendenzen?

Wenngleich Gottfried Kellers Werke der Epoche des Realismus zugeordnet werden, ist darin der Umbruch von der Romantik zum Realismus von wesentlicher Bedeutung. Die meisten seiner Figuren haben Schwierigkeiten bei der Unterscheidung von Sein und Schein und neigen zu Träumereien und Flausen, die aber von der Wirklichkeit entlarvt und zunichte gemacht werden. So scheint die Figur des Schneiders einer anderen Zeit – der Epoche der Romantik nämlich – entsprungen zu sein, wie sich an einigen Merkmalen romantischer Literatur erkennen lässt. Über die Frühromantik schreibt Helmuth Nürnberger:

> „Der Dichter wird aufgefordert, dem Bekannten die Würde des Unbekannten zu geben. Die von den Sinnen wahrgenommene Wirklichkeit ist nur Schein. Die ‚wahre Wirklichkeit' liegt hinter der sichtbaren Welt verborgen, sie erschließt sich nur dem ahnenden Gefühl, der Vision der Phantasie." (H. Nürnberger, *Geschichte der deutschen Literatur*, 25., neubearb. Aufl. München: Oldenbourg 2006, S. 173)

An diese „Aufforderung" hält sich Gottfried Keller bzw. sein Erzähler in *Kleider machen Leute* nicht direkt, sondern greift sie vielmehr ironisierend auf. Zwar lässt der Erzähler kaum einen Zweifel daran, dass hinter dem trügerischen Schein ein wahres Sein steckt, doch erscheint diese tiefere Wirklichkeit in der Novelle – anders als bei den Romantikern – schließlich ernüchternd banal.

In mancher Hinsicht tritt Wenzel Strapinski als ein verkappter Poet, Maler und Schauspieler auf, der vielleicht

Strapinski: Schauspieler aus Berufung?

bisher nicht die Möglichkeit hatte, seine „Talente" zu nutzen. Mit großer Hingabe füllt er die ihm zugeschriebene Rolle aus und wirkt fast wie ein Künstler an dem Bild mit, das die Goldacher von ihm entwerfen. Folge dieses Mitwirkens ist eine Vervollkommnung des Entwurfs. Dieser Wille zur Perfektion macht deutlich, dass es sich dabei nicht um irgendeinen „Job" handelt, den Strapinski erfüllen muss, sondern dass sein Schauspiel eine Art Berufung darstellt. Auch die Tatsache, dass er das Schneiderhandwerk nicht freiwillig erlernt hat (vgl. K 41.23–25 / R 49.21–26), zeigt, dass er sich nicht mit der soliden und bodenständigen Welt der Handwerker identifizieren mag.

Auch seine Wahrnehmung entspricht der eines romantischen Poeten. Während er durch die Stadt läuft und die Häuser betrachtet, kommt ihm der Gedanke, dass deren Sinnbilder die Geheimnisse der jeweiligen Häuser offenbaren (vgl. K 21.15–20 / R 25.11–17). Strapinski ist hier einem „wunderbaren Eindruck" (K 21.14 / R 25.9) erlegen, der zurück in die Romantik verweist. Mithilfe des Gefühls, der Ahnung und Fantasie vermag der romantische Dichter mehr zu erkennen, als ihm die Sinne vermitteln. In seiner Vorstellung ist das wahre Wesen der Dinge nur erahn-, aber nicht sichtbar.

Suche nach verborgenen Wahrheiten in banalem Umfeld

Jedoch genau unter diesem Aspekt verkehrt Kellers Novelle das romantische Verhältnis von Sein und Schein ins Gegenteil: Das, was im „wunderbaren Eindruck" zum Vorschein kommt, wirkt eher ernüchternd. Eine Entlarvung der Wirklichkeit geschieht: Hinter dem Verhalten der Goldacher lassen sich nur wenige ehrenwerte Motive erkennen. Vielmehr steht das Streben zu gefallen und zu eigenem Vorteil zu gelangen im Vordergrund.

Strapinski: Vom Romantiker zum Bürger

Der Umbruch von der Romantik zum Realismus findet im Handlungsverlauf der Novelle *Kleider machen Leute* eine weitere Entsprechung: Strapinski macht sein Glück schließlich als fleißiger, wohlhabender Bürger, der „ausgeträumt" hat. Dass es dazu aber überhaupt kommen konnte, ist möglicherweise seiner träumerischen Anlage zu verdanken. Dazu schreibt Christian Schultz-Gerstein:

> „In der Erzählung ‚Kleider machen Leute' schüttelt Keller den Schneider Wenzel Strapinski aus seinem eigenbrötlerischen, *‚privatistischen'* Dasein, um ihn, durch die Macht der Liebe, zu einem ich-gerechten Leben, das heißt zu einem Leben im Konnex mit der Gesellschaft zu führen." (Ch. Schultz-Gerstein, „Bürger, Poet und Exzentriker. Das oft verharmloste, doppelbödige Werk Gottfried Kellers", in: *Die Zeit*, 25. September 1970, http://www.zeit.de/1970/39/buerger-poet-und-egozentriker, S. 2)

Auch stilistisch macht sich dieser Umbruch bemerkbar: Während die Erzählung teilweise fantastische Züge hat und einige märchenhafte Formulierungen enthält („ein armes Schneiderlein", K 3.1 f. / R 3.2; „schlanke, stolze, schneeweiße Gestalt", K 25.16 / R 30.6 f.), erscheint ihr Schluss sowohl märchenhaft als auch realistisch: Während die Rettung Strapinskis an den Ausgang eines Märchens erinnert, kommt es im Anschluss daran zu einer Aussprache, zur Klärung der Verhältnisse und zur Planung des weiteren Vorgehens mittels eines Anwalts.

Zur Aktualität von Gottfried Kellers Novelle

Kleider machen Leute: Eine „moderne" Geschichte	
	➟ In der Gegenwart werden wir mit vielen Täuschungen konfrontiert. ➟ Dabei ist es oft eine Gratwanderung, wo eine Übertreibung oder Schwindelei aufhört und eine Lüge, die anderen möglicherweise schadet, beginnt. ➟ Die sozialen Netzwerke bieten zahlreiche Möglichkeiten der Selbstinszenierung, deren Folgen nur schwer einzuschätzen sind.

Wenn man sich mit Literatur auseinandersetzt, ist nicht nur die Frage, was der Text vermittelt, sondern auch die Frage, was der Inhalt mit der gegenwärtigen Lebenswelt zu tun hat, wichtig. Gottfried Kellers Novelle wirkt zunächst auf die Leserinnen und Leser durch die ungewohnte Sprache und den fernen zeitlichen und gesellschaftlichen Kontext fremd. Tatsächlich aber besticht *Kleider machen Leute* durch seine Aktualität. Auch wir betreiben einen enormen Aufwand, um das Bild, das andere von uns haben, zu beeinflussen, nicht selten mit moralisch fragwürdigen Mitteln. So tragen etwa viele Menschen Markenkleidung, um nach außen hin zu signalisieren, modebewusst, attraktiv aussehend und finanziell gut gestellt zu sein. Nicht ohne Grund prangt auf so manchem T-Shirt unübersehbar ein Markenname. Beim Schreiben einer Bewerbung ist es häufig schwer zu entscheiden, wo die Wahrheit anfängt und die Lüge beginnt, wenn beispielsweise jemand behauptet, über zahlreiche Erfahrungen in der Kinder- und Jugendbetreuung zu verfügen, tatsächlich aber nur hin und wieder auf das Kind der Nachbarn aufgepasst hat.

Die Wahrung des schönen Scheins als Handlungsmotiv in der heutigen Zeit

Ein weiteres Phänomen, dem wir uns kaum entziehen können, ist die Darstellung von Menschen und Produkten in der Werbung. Neben der gängigen Bildbearbeitung sind auch Aussagen wie „lässt Sie bis zu zehn Jahren jünger aussehen“ irreführend. Im letzten Beispiel liegt vielleicht sogar eine bewusste Täuschung vor, um andere, die täuschen wollen, zum Kauf zu motivieren.

Auch die Medien zeigen oft nur ein Zerrbild der Wirklichkeit, das bei einem breiten Publikum ankommt. Der Begriff „Traumfabrik Hollywood“ ist zu einem geflügelten Wort für diese „Industrie“ geworden. Aber im Grunde verlangen wir – ähnlich den Goldacher Bürgern – nach dieser Täuschung oder provozieren diese, indem wir die Verantwortlichen mit guten Einschaltquoten oder hohen Gewinnen belohnen.

Bereits diese wenigen Beispiele zeigen, wie Täuschungen in unserem Leben allgegenwärtig sind. Meist hilft ein Hinterfragen der Fakten, um der Täuschung oder Manipulation auf die Spur zu kommen. Es gibt aber auch Situationen, in denen Menschen dem Betrug ausgeliefert sind. So sind Fälle von angeblichen Medizinern bekannt geworden, die ohne anerkannte Ausbildung mithilfe gefälschter Zeugnisse als Ärzte in Krankenhäusern gearbeitet haben. Gerade dieses Beispiel verdeutlicht die moralische Verwerflichkeit eines solchen Tuns, denn es wird mit dem Leben anderer gespielt, ohne dass sich die Betroffenen dagegen schützen können.

Die sozialen Netzwerke als Plattform zur Produktion von Scheinidentitäten

Nahezu unbegrenzte Möglichkeiten der Selbstinszenierung bieten vor allem soziale Netzwerke. Die Spanne reicht hier von harmlosen Übertreibungen bis hin zu vollständig erfundenen virtuellen Identitäten. Das verfolgt u. a. den Zweck, zur positiveren Wahrnehmung einer bestimmten Person zu verleiten. Wer aber kann überprüfen, wer die 587 „Freunde" sind, von denen uns jemand mittels seines Profils überzeugen möchte? Und täuschen wir uns nicht sogar selbst – wie auch der Schneider einem Selbstbetrug aufsitzt, indem er mehr und mehr mit seiner Rolle verschmilzt –, wenn wir nicht mehr unterscheiden, was einen Freund im wahren Leben von einem „Freund" unterscheidet, dem wir niemals persönlich gegenübergestanden haben? Was ist der Begriff „Freundschaft" dann noch wert?

Auch ein zufällig entstandenes ansprechendes Foto, das viele als „cool" empfinden, kann in den sozialen Netzwerken zu einem Statussprung führen. Die Parallele zu Strapinski, der zu Beginn der Erzählung den Goldachern als reicher Mann erscheint, weil er zufällig in einer teuren Kutsche mitgenommen wird, ist offensichtlich. Ebenso – und das ist die weitaus unangenehmere Variante – kann ein einziges Bild oder ein Kommentar umgekehrt zu Mobbing oder einem „Shitstorm" führen. Einen solchen erntet Strapinski in gewisser Weise im Kontext der Entlarvung für seinen augenscheinlichen Erfolg. Die Seldwyler setzen sich nicht mit der Person auseinander, sondern handeln aus persönlicher Befindlichkeit heraus und auf Basis dessen, was gerade offensichtlich erscheint.

Wechselwirkung zwischen Gesellschaft und Lüge und Verantwortung aller

Es stellt sich freilich die Frage, ob eine solche Täuschung Sache des Einzelnen ist oder ob unsere Gesellschaft – wie die der Goldacher und Seldwyler – nicht selbst vielfach auf Täuschung basiert. Sind etwas die Ansprüche des Arbeitgebers zu hoch, der Arbeitsmarkt zu unüberschaubar, sodass es sicherer ist, sich nicht an die reine Wahrheit zu halten? Das Dilemma ist – ähnlich dem des Schneiders – kaum aufzulösen, denn wie in Kellers Novelle sind Täuschungen auch im täglichen Leben dafür anfällig, aufgedeckt zu werden. Andererseits öffnet sich vielleicht so manche Tür gerade dadurch, dass jemand ein bisschen schummelt. Diese Tatsache spricht aber den Einzelnen – wie auch den Schneider – keineswegs von der Verantwortung frei, das eigene Verhalten auf seine moralische Vertretbarkeit zu überprüfen.

Literaturhinweise

Jeziorkowski, Klaus: Gottfried Keller, *Kleider machen Leute*. Text, Materialien, Kommentar. München: Hanser 1984.

Murrenhoff, Sarah: Die Literatur des Realismus (1848–1880/90). http://blog.zeit.de/schueler/2014/05/06/literatur-des-realismus/

Nürnberger, Helmuth: Geschichte der deutschen Literatur. 25., neubearb. Aufl. München: Oldenbourg 2006.

Osterhammel, Jürgen: Das 19. Jahrhundert: 1850–1880. Informationen zur politischen Bildung Nr. 315 (8. August 2012). http://www.bpb.de/izpb/142117/1850-bis-1880?p=all

Poppe, Rainer: Gottfried Keller. *Kleider machen Leute*. Erläuterungen und Materialien. Hollfeld: Bange 2005.

Rothenbühler, Daniel: Gottfried Keller. *Kleider machen Leute*. Textanalyse und Textinterpretation. Hollfeld: Bange 2012.

Schultz-Gerstein, Christian: Bürger, Poet und Egozentriker. Das oft verharmloste, doppelbödige Werk Gottfried Kellers. In: Die Zeit. 25. September 1970. www.zeit.de/1970/39/burger-poet-und-egozentriker

Selbmann, Rolf: Gottfried Keller. *Kleider machen Leute*. Interpretationen für Schule und Studium. München: Oldenbourg 1985.

Selbmann, Rolf: Gottfried Keller. Romane und Erzählungen. Klassiker-Lektüren. Bd. 6. Berlin: Erich Schmidt Verlag 2001.

Selbmann, Rolf: Gottfried Keller. *Kleider machen Leute*. Erläuterungen und Dokumente. Stuttgart: Reclam 2004.

www.gottfriedkeller.ch

Prüfungsaufgaben und Lösungen

1 Melchior Böhni:
Schlau und verschlagen?

2 Nettchen: Naive Tochter aus gutem Hause?

3 Sind die Goldacher, was sie zu sein scheinen?

4 *Kleider machen Leute* –
Eine sinnvolle Schullektüre?

5 Strapinskis Handlungsmotivationen im Verlauf der Erzählung

6 Strapinski vor Gericht

7 Die „Gewinner" und die „Verlierer" der Erzählung

1 Melchior Böhni: Schlau und verschlagen?

Aufgabenstellung

Charakterisiere Melchior Böhni.

Lösungsvorschlag

Einleitung:
Neben den Hauptfiguren Strapinski und Nettchen gehört Melchior Böhni zu den Figuren, die die Handlung wesentlich vorantreiben. Seiner Einschätzung und seinen Beweggründen ist vor allem die Entlarvung des Schneiders geschuldet.

Hauptteil:
Beruf, Herkunft und sozialer Stand
- Böhni ist ein Einwohner Goldachs.
- Er arbeitet als Buchhalter in einer großen Spinnerei.
- Er ist wohlhabend und hat ein gutes Verhältnis zum Amtsrat.

Äußeres: Böhni hat ein rötliches Backenbärtchen.
Gewohnheiten:
- Böhni trifft sich mit den anderen Abendherren regelmäßig im Gasthof „Zur Waage".
- Er schnupft Tabak.
- Er würde Nettchen gerne heiraten.

Charakter:
- Böhni ist klug und scharfsinnig.
- Zunächst wirkt er eher sympathisch. Er möchte Strapinski nicht verraten, da dieser nicht habgierig ist, obwohl Böhni in erster Linie dabei an sein eigenes Vergnügen denkt.
- Später entpuppt er sich als missgünstig, neidisch und intrigant, da er Strapinski die Beziehung zu Nettchen nicht gönnt und maßgeblich an der Bloßstellung Strapinskis beteiligt ist.

Schluss:
Es handelt sich bei Melchior Böhni um eine vielschichtige Figur, deren Handlungsmotive sich im Laufe der Erzählung verändern. Dadurch entzieht sie sich – wie beispielsweise auch Strapinski – einer eindeutigen Bewertung.

2 Nettchen: Naive Tochter aus gutem Hause?

Aufgabenstellung

Charakterisiere Nettchen.

Lösungsvorschlag

Einleitung:
Nettchen tritt zwar nicht vom Beginn der Erzählung an in Erscheinung, spielt aber insofern eine zentrale Rolle, als dass sie es ist, die den Schneider durch ihre Zuneigung zu einer aktiven Übernahme der Rolle des Grafen veranlasst.

Hauptteil:
Herkunft und sozialer Stand
- Nettchen ist eine Einwohnerin Goldachs.
- Sie ist Tochter des Goldacher Amtsrats.
- Ihre Mutter ist verstorben.
- Nettchen stammt aus wohlhabendem Haus und hat ein nicht unbeträchtliches Erbe von ihrer Mutter zu erwarten, das aber zunächst von ihrem Vater verwaltet wird.
- Sie wird im Laufe der Erzählung volljährig.

Äußeres:
Nettchen ist hübsch, schlank, modisch gekleidet und trägt viel Schmuck.
Wünsche und Träume:
- Sie ist in Wenzel Strapinski verliebt, jedoch zunächst unter der Voraussetzung, dass es sich bei Strapinski um einen polnischen Grafen handelt.
- Nettchen träumte schon als Kind von einem Pianisten, einem Polen oder einem Räuberhauptmann.

Charakter:
- Zunächst wirkt sie naiv, da sie recht einfache Vorstellungen von ihrem Traummann hat und sich aufgrund von Äußerlichkeiten in Strapinski verliebt.
- Im Laufe der Erzählung gewinnt sie an Reife und Tiefgang. Sie entpuppt sich zunehmend als verantwortungsbewusst, da sie dem Schneider das Leben rettet, sich zu ihrer gemeinsamen Liebe bekennt und sich als Triebfeder bei der Gründung einer Existenz erweist.
- Die zunehmende Reife zeigt sich auch, indem Nettchen sich am Ende der Erzählung über ihren Vater hinwegsetzt.

Schluss:
Nettchen ist also weit mehr als nur die naive und verwöhnte Tochter des Amtsrats. Neben Strapinski macht sie die umfassendste persönliche Entwicklung durch.

3 Sind die Goldacher, was sie zu sein scheinen?

Aufgabenstellung

Erkläre, inwieweit das geflügelte Wort „mehr Schein als Sein“ auch auf die Goldacher zutrifft. Beschränke dich dabei auf eine Figur.

Lösungsvorschlag

Einleitung: Nennung des Titels, des Autors und des Themas
Beispiel: In der Novelle *Kleider machen Leute* von Gottfried Keller erscheint nicht nur der Protagonist (die Hauptfigur) nicht als das, was er ist. Auch auf viele der Goldacher trifft das geflügelte Wort „mehr Schein als Sein“ zu, was sich etwa an der Figur des Wirts zeigen lässt.

Hauptteil: Beweisführung
- Der Wirt gibt vor, rechtschaffen zu sein, und lehnt den vorgeschlagenen Betrug der Köchin zunächst ab.
- Er lässt sich wortlos darauf ein, als die Köchin ihm ein praktikables Vorgehen vorschlägt.
- Der Wirt weiß auch, dass es in Goldach nicht ehrlich zugeht, denn er misstraut seiner Köchin.
- Er tut alles, um den vermeintlichen Grafen zufriedenzustellen, damit sich der gute Ruf Goldachs verbreitet.
- Die Konkurrenz zu Seldwyla verrät, dass es dem Wirt dabei kaum um hohe Ansprüche an das eigene Handeln gehen kann, sondern dass es nur um Außenwirkung, um den „schönen Schein“ geht.
- Also besteht eine Abweichung zwischen der Art und Weise, wie der Wirt erscheinen möchte, und seiner tatsächlichen Person.

Schluss: Abschließende Bemerkung / abschließendes Fazit
Beispiel: Die Figur des Wirts mit ihrer Widersprüchlichkeit veranschaulicht, dass auch die Goldacher Gesellschaft nicht aufrichtig agiert.

4 *Kleider machen Leute* – Eine sinnvolle Schullektüre?

Aufgabenstellung

Verfasse eine lineare (wahlweise: dialektische) Erörterung zu folgender Frage: Sollte die Novelle *Kleider machen Leute* in der Schule gelesen werden?

Lösungsvorschlag

Einleitung:
Im Rahmen der Literaturwoche an unserer Schule wurde in allen Klassen eine Umfrage durchgeführt, welche Schullektüren im letzten Schuljahr zur Auswahl standen und welche Bewertungen deren Behandlung im Unterricht erhielt. Insbesondere im Falle von Gottfried Kellers Erzählung *Kleider machen Leute* kam es zu widersprüchlichen Bewertungen. Auf die Frage „Soll Kellers Novelle im Deutschunterricht gelesen werden?" gab es unterschiedlichste Argumente und Antworten.

Hauptteil A:
These: *Kleider machen Leute* sollte im Deutschunterricht gelesen werden.

Argument 1: Die Schülerinnen und Schüler haben so die Möglichkeit, sich anhand einer geeigneten Geschichte mit Literatur, die in älterer Sprache geschrieben ist, auseinanderzusetzen.
Beispiel: Die Erzählung ist relativ kurz, sodass die meisten Schülerinnen und Schüler bereit sind, sich ernsthaft mit der für sie schwierigen älteren Sprache zu beschäftigen.

Argument 2: Anhand dieser Erzählung lassen sich viele Themen und Kompetenzen einüben, die für die Mittelstufe vorgeschrieben sind.
Beispiel: *Kleider machen Leute* bietet sowohl die Möglichkeit, einen Text zu analysieren, als auch eine lineare Erörterung zu verfassen. Auch ein szenisches Spiel kann auf Grundlage des Textes gestaltet werden.

Argument 3: *Kleider machen Leute* besitzt große Aktualität. Die Auseinandersetzung mit der Grundproblematik ist relevant für das heutige Leben.
Beispiel: Gerade in den sozialen Netzwerken ist der Unterschied zwischen Schein und Sein oft ein Problem.

Fazit: In Anbetracht der unterschiedlichen Vorzüge, die die Novelle in sich vereint, halte ich es für eine gute Idee, sie gemeinsam im Deutschunterricht zu lesen.

Hauptteil B:
Vorbemerkung: Ebenso kann natürlich gegen die Lektüre im Deutschunterricht argumentiert werden. Beide Argumentationsstränge zusammen können für eine dialektische Erörterung verwendet werden.
These: *Kleider machen Leute* sollte nicht im Deutschunterricht gelesen werden.

Argument 1: Die veraltete Sprache ist wenig motivierend für Schülerinnen und Schüler der Mittelstufe.
Beispiel: Die Erzählung enthält viele ungebräuchliche und möglicherweise unverständliche Wörter, sodass viele Schülerinnen und Schüler dazu neigen, nur eine Zusammenfassung statt des Originaltextes lesen.

Argument 2: Die gemeinsame Lektüre und vor allem Besprechung der Erzählung ist zu zeitaufwendig, da sehr viele Aspekte untersucht werden müssen, um die Erzählung zu verstehen. Andere wichtige Themen würden stattdessen nicht intensiv genug behandelt. Ein leicht verständliches Jugendbuch wäre daher sinnvoller.
Beispiel: Gerade im Hinblick auf die Abschlussprüfungen am Ende der 9. oder 10. Jahrgangsstufe müssen Rechtschreibung und Grammatik geübt werden.

Argument 3: Die Novelle spielt in einer anderen Zeit und in einer anderen Gesellschaft. Die Figuren sind uns heute völlig fern. Es gibt darin kaum Themen, die nicht mit einer moderneren Lektüre besser besprochen werden könnten.
Beispiel: Es gibt mittlerweile gute Jugendromane (z. B. David Levithan, *Letztendlich sind wir dem Universum egal*, 2014, Originaltitel: *Every Day*), die sich mit der Thematik „Sein und Schein“ auseinandersetzen und deutlich näher am Leben der Schülerinnen und Schüler sind.

Fazit: Ich bin dagegen, die Novelle *Kleider machen Leute* im Unterricht zu lesen, da Text und Kontext veraltet sind und es keinen Vorzug gibt, der dies wettmachen könnte.

Eine dialektische Erörterung könnte mit folgender Synthese schließen:
Kleider machen Leute ist eine Erzählung, deren Aktualität trotz ihrer Entstehungszeit besticht. Dennoch ist die Sprache schwierig und für einige Schülerinnen und Schüler demotivierend. Die Lektüre könnte im Unterricht unter der Bedingung gelesen werden, dass sie neben einer anderen, vielleicht umfangreicheren, aber moderneren Erzählung zur Wahl gestellt wird.

5 Strapinskis Handlungsmotivationen im Verlauf der Erzählung

Aufgabenstellung

Stell dir vor, dass sich eine Weile nach Nettchens und Strapinskis Weggang aus Goldach die Wogen zu glätten beginnen. Verfasse aus Sicht des Schneiders einen Brief an den Amtsrat, in dem der Schneider sein damaliges Verhalten erklärt. Beziehe dabei Situationen aus unterschiedlichen Phasen der Geschichte ein.

Lösungsvorschlag

Seldwyla, der 17. November 1874

Lieber Schwiegervater,

vieles von dem, was passiert ist, tut mir aufrichtig leid. Als ich an jenem regnerischen Tag nach Goldach kam, hatte ich niemals vor, euch zu täuschen, sondern kämpfte um mein Überleben, nachdem ich in Seldwyla ohne Lohn entlassen worden war. Nie hätte ich mich von dem Kutscher mitnehmen lassen, wenn ich gewusst hätte, welche Folgen meine Ankunft in Goldach hat.

Als ich bewirtet wurde und mich bereits alle für einen Grafen hielten, wusste ich nicht, wie mir geschah. Als ich den Irrtum bemerkte, war ich leider nicht stark genug, um das Missverständnis richtigzustellen. Dennoch hatte ich immer wieder vor, die Stadt zu verlassen und meine Schulden aus der Ferne zu begleichen.

Als ich dann Eure Tochter kennengelernt habe und wir uns ineinander verliebt haben, mochte ich die Stadt nicht mehr verlassen, hatte aber gleichzeitig zu große Angst vor den Konsequenzen, wenn ich jetzt die Wahrheit sage. Dass dies eine Fehleinschätzung war, hat Nettchens Reaktion nach der Verlobungsfeier gezeigt. Auch hier bereue ich meine Feigheit zutiefst.

Hinzu kommt, dass ich naiv genug war zu glauben, dass mir ein glücklicher Zufall zu Hilfe kommt, der die Situation irgendwie ohne mein Zutun aufklärt. Allerdings hatte ich keine Vorstellung davon, wie dies hätte aussehen können.

Alles hätte ich getan, um nach meiner Entlarvung die Ehre Nettchens zu retten; wirklich alles.

Lieber Schwiegervater, ich bin kein Betrüger, aber ich muss für mein passives, mitunter feiges und naives Verhalten die Verantwortung übernehmen.

Mit aufrichtigen Grüßen
Wenzel

6 Strapinski vor Gericht

Aufgabenstellung

Gestalte eine Gerichtsverhandlung in dialogischer Form, in der ein Staatsanwalt die Anklage Strapinskis wegen Betrugs übernimmt und ein Rechtsanwalt ihn verteidigt. Formuliere im Anschluss einen Richterspruch.

Lösungsvorschlag

Staatsanwalt: Dem Schneidergesellen Strapinski wird vorgeworfen, die Goldacher in Bezug auf seine Identität hinters Licht geführt zu haben und sich auf diese Weise Vorteile verschafft zu haben.

Verteidiger: Strapinski hat nicht vorsätzlich betrogen, sondern wurde in die Rolle des Grafen hineingedrängt von Menschen, die sich an seinem Erscheinungsbild orientiert haben und die Kleidung falsch gedeutet haben. Ein Radmantel und eine Pelzmütze machen einen Menschen nicht zum Betrüger.

Staatsanwalt: Herr Strapinski hat aber das Missverständnis, selbst als es ihm bewusst wurde, nicht aufgeklärt, sondern hat sich satt gegessen und einen teuren Wein getrunken, obwohl er wusste, dass er ihn nicht bezahlen kann. Spätestens als sich Herr Strapinski in der Toilette eingeschlossen hat, hat er vorsätzlich den Eindruck erwecken wollen, dass er aus freien Stücken Gast in diesem Haus ist und als solcher seine Rechnung selbstverständlich begleichen kann. Weiterhin hat er sich zu allerhand Unternehmungen einladen lassen, zu denen er niemals als Schneider eingeladen worden wäre.

Verteidiger: Mein Mandant hat nicht aus böser Absicht und betrügerisch gehandelt, sondern aus Unsicherheit. Hätte man ihn zu Beginn nicht so bedrängt, wäre es niemals zu einem Missverständnis gekommen. Man muss ihm auch zugutehalten, dass er immer wieder nach Gelegenheiten Ausschau gehalten hat, um unbemerkt und ohne sein Gesicht zu verlieren zu verschwinden. Dass er diese Gelegenheiten nicht wahrnehmen konnte, war entweder dem Zufall geschuldet oder seiner Zögerlichkeit, die eine Charakterschwäche sein mag, aber selbst kein Verbrechen ist.

Staatsanwalt: Nachdem Herr Strapinski aber Nettchen kennengelernt hat, hat er bewusst Handlungen ausgeführt, die die Goldacher so deuten mussten, wie sie schließlich auch gedeutet wurden. Mit dem polnischen Lied hat Herr Strapinski zum Beispiel die Abendherren und den Amtsrat bewusst in die Irre geführt, und das nennt man Betrug. Ich plädiere für schuldig.

Verteidiger: Auch hier hatte mein Mandant gute Gründe. Er hat sich in Nettchen verliebt und wollte das Bild, aufgrund dessen sie sich in ihn verliebt hat, nicht zerstören. Herr Strapinski wollte sich mit dieser Handlung keinesfalls bereichern, sondern lediglich Nettchen gefallen. Die Gefühle, die sie für ihn entwickelt hat, hat er sich kaum durch Betrügerei erschlichen, denn das ist erstens nicht möglich, da man einen Menschen und nicht einen Grafen liebt, und zweitens zeigen die Gefühle Nettchens gegenüber dem vermeintlichen Grafen Strapinski, dass sie diese auch für den Schneider Strapinski hat. Ich plädiere für unschuldig.

Richter: Herr Strapinski wird freigesprochen vom Vorwurf des vorsätzlichen Betrugs. Dennoch sind seine Handlungen, insbesondere diejenigen, deren Konsequenzen er nicht bedacht hat, fahrlässig zu nennen. Für diese Fahrlässigkeit muss Herr Strapinski ein Bußgeld zahlen, dessen Höhe sich nach seinem Einkommen richtet.

7 Die „Gewinner" und die „Verlierer" der Erzählung

Aufgabenstellung

Diskutiere, ob die Figuren Melchior Böhni, Wenzel Strapinski und Nettchen eher zu den Gewinnern oder eher zu den Verlierern der Geschichte gehören, indem du unterschiedliche Aspekte gegeneinander abwägst und einen Lösungsvorschlag formulierst.

Lösungsvorschlag

Zu Melchior Böhni:

- Einerseits ist Böhni wirtschaftlich erfolgreich und ihm gelingt der Putsch, ohne dass im Vorfeld jemand bemerkt hat, dass er mehr weiß als alle anderen.
- Andererseits verliert er Nettchen am Abend ihrer Verlobung zum zweiten Mal.

Fazit: Melchior Böhni gehört eher zu den Verlierern der Geschichte, und zwar in emotionaler Hinsicht. Ein erneutes Scheitern in Liebesdingen wird seinen missgünstigen und neidischen Charakter verfestigen und ihn schlimmstenfalls zu einem einsamen, unglücklichen Menschen machen.

Zu Wenzel Strapinski:

- Einerseits gelingt es Wenzel Strapinski, Nettchen auch als Schneider für sich zu gewinnen und sogar eine solide Existenz zu gründen.
- Andererseits muss er seine romantische und träumerische Anlage ablegen, um als bodenständiger Handwerker zu überzeugen. Zudem hat er es sich mit vielen Seldwylern verscherzt.

Fazit: Wenzel Strapinski gehört eher zu den Gewinnern der Geschichte, da seine Verträumtheit ohnehin nur sehr bedingt der Realität standgehalten hätte. Der Verlauf der Geschichte hat ihm geholfen, sich besser in der Realität zurechtzufinden und seine Fähigkeiten gewinnbringend einzusetzen.

Zu Nettchen:

- Einerseits findet Nettchen in Strapinski einen liebevollen Ehemann mit dem sie die Chance hat, glücklich zu werden. Zudem ist sie im Laufe der Geschichte gereift und hat sich charakterlich weiterentwickelt, indem sie ihre Oberflächlichkeit zugunsten wahren Verantwortungsgefühls abgelegt hat.

– Andererseits hat sie sich mit ihrem Vater zerstritten und mit Melchior Böhni einen Ehemann abgelehnt, bei dem sie ihren bisherigen Lebensstil ohne viel Eigeninitiative hätte weiterführen können. Dieser Weg wäre für sie sicher bequemer gewesen.

Fazit: Nettchen gehört in zweifacher Hinsicht zu den Gewinnern der Geschichte. Sie hat erstens die Möglichkeit ergriffen, sich zu emanzipieren und ihr Leben nach ihren nun reiferen Wünschen und Vorstellungen zu gestalten. Dieser Prozess ist manchmal mit Streit und/oder einem Zerwürfnis verbunden, das in Nettchens Fall zum Glück nicht endgültig ist. Zweitens hat sie in Strapinski einen Partner gefunden, mit dem sie glücklich sein kann. Die finanzielle Sicherheit, die sie bei Böhni gehabt hätte, wird sie auch mit Strapinski erlangen, nur einige Jahre später.

Stichwortverzeichnis